조건 없는 압도적인 사랑

Originally published in English under the title

No Greater Love

by A. W. Tozer

Copyright ⓒ 2020 by James L. Snyder
Published by Bethany House Publishers
a division of Baker Publishing Group,
Grand Rapids, Michigan 49516, U.S.A.
All rights reserved.

This Korean Translation Copyright © 2022 by Kyujang Publishing Company

이 한국어판의 저작권은 저작권사와 독점 계약한 규장 출판사에 있습니다.
신 저작권법에 의하여 한국 내에서 보호 받는 저작물이므로 무단 전재와 무단 복제를 금합니다.

A. W. 토저 마이티 시리즈(A. W. TOZER Mighty Series)

토저는 교인수의 성장을 위해서라면 대중의 인기에 야합하고, 거대 기업의 경영방식을 무차별 차용하고, 할리우드 엔터테인먼트 방식을 예배에 도입하는 것에 대해 통렬한 비판을 가하였다. 그는 현대의 교회가 물량적 성장을 위해서라면 교회의 순결성을 포기하는 듯한 자세를 보일 때는 그것을 좌시하지 않고 언제나 선지자의 음성을 발하였다. 듣든지 안 듣든지 이스라엘 교회의 세속화를 준열히 책망했던 예레미야처럼, 토저도 시대에 아부하지 않고 하나님교회의 순정성(純正性)을 파수하기 위해 '강력한'(Mighty) 말씀을 선포했다. 그래서 토저는 '이 시대의 선지자'라는 평판을 들었다. 토저가 신앙의 개혁을 위해 외쳤던 뜨겁고 강력한 메시지를 이 시대의 우리도 들어야 한다. 말씀과 성령에 의한 개혁이 절실히 필요한 이때, 규장에서 토저의 강력한(Mighty) 메시지들을 'A. W. 토저 마이티(Mighty) 시리즈'로 출간한다.

"토저의 설교는 설교단에서 발사되어 청중의 마음을 관통하는 레이저 광선과 같다." – 워런 위어스비

A.W.TOZER

NO GREATER LOVE

조건없는
압도적인
사 랑

A.W. 토저

MIGHTY SERIES 32

규장

들어가는 글

하나님의 사랑을 가슴에 안다

많은 사람들이 사랑의 진정한 깊이가 어떤 것인지 탐구하는 시간을 갖지도 않은 채, 단지 사랑을 감상적(感傷的)이거나 감정적인 것으로 여기는 경향을 보인다. 하지만 토저를 가리켜 감상적인 사람이라고 비난할 사람은 아마 없을 것이다. 그는 어떤 주제를 다룰 때 정곡을 찔러 단도직입적으로 접근한다. 그렇기 때문에 사람들이 그의 책을 좋아한다고 생각한다.

토저의 요한복음 설교는 50편이 넘는다. 이 책에는 그가 요한복음을 연구하면서 우리를 향한 하나님의 사랑에 대해 깨달은 것들이 담겨 있다. 요한복음에 관한 그의 설교들을 듣는 것은 매우 아름다운 경험이 될 것이다.

설교할 때 그는 비교적 세부적인 것들까지 적어놓은 설교 개요를 사용하지 않았고, 설교 원고를 그대로 읽는 식으로도 설교하지 않았다. 그는 종이 한 장을 반으로 접은 후 왼쪽 면과 오른쪽 면에 그의 아이디어들을 메모했고, 그 종이를 성경책에 끼워 넣는 방법을 즐겨 사용했다. 기도하면서 그 종이에 조심스럽게 아이디어들을 메모하는 것이 그의 설교 준비였다. 사실, 그에게 있어 그것은 거의 경배 행위 같은 것이었다.

물론 그가 메모를 경배한 것은 아니었다. 설교 준비가 일종의 경배 행위였을 수도 있지만, 그에게 메모는 하나님께서 복을 주실 설교를 하기 위한 도구에 불과했다.

나는 그가 설교를 위해 준비한 메모들을 많이 가지고 있다. 그리고 그것들을 이용하여 실제로 설교단에서 전한 설교들을 녹음한 테이프들도 가지고 있다. 그의 메모들을 보면서 테이프에 녹음된 설교들을 들으면 매우 재미있다.

내가 토저의 설교를 들을 때 느끼는 매력 중 하나는 그의 논리 전개가 종종 '토끼가 다니는 길'처럼 갑자기 방향을 바꾼다는 것이다. 그는 한 가지 주제에 대해 이야기를 하다가 갑자기 주제를 바꾸는 것 같다. 이런 것은 묘한 매력을 느끼게 하는데, 이 책에서도 이런 전개가 많이 나타난다.

토저는 설교단에서 설교할 때 메모에 얽매이지 않았다. 자기가 준비한 메시지를 전하면서도, 또 한편으로는 성령께서 자기를 인도하시도록 노력했다. 그렇기 때문에 '토끼가 다니는 길' 같은 갑작스런 주제 변경이 생기는 것쯤은 얼마든지 받아들일 수 있었다.

이 책에서 나는 현장 설교의 느낌을 그대로 살리려고 노력했다. 그래서 이 책은 산문체로 쓰인 수필이 아니라, 주 예수 그리스도를 향한 토저의 성실성을 생생하게 잘 드러내는 설교단의 설교 기록이다.

오직 그 한 사람뿐인 것처럼

이 책에서 요한복음 3장 16절을 본문으로 삼은 그의 설교는 지극히 매력적이다. 이 구절을 풀어내는 그의 말 속에서 우리는 그의 성품과 인간성을 느낄 수 있다.

　이 설교는 그가 만년(晩年)에 전한 메시지다. 그는 평생의 사역 기간 중에 요한복음 3장 16절을 본문으로 삼아 설교한 적이 없었다고 털어놓는다. 설교 중에나 기도할 때 이 구절을 인용한 적은 있지만, 이 한 구절의 내용을 주제로 삼아 설교한 적은 없었다는 것이다.

　그가 요한복음 3장 16절을 매우 사랑했던 것은 분명하다. 그는 평생 '하나님의 사랑의 부담'을 가슴에 안고 살았다. 그의 설교에서 마음에 와서 박힐 만한 토저의 말 하나를 꼽으라면, "그분의 눈에는 내가 가장 중요한 사람으로 보일 것이다"라는 말을 택하겠다. 얼마나 감동적인 말인가! 우리는 "하나님은 모든 사람을 사랑하십니다"라고 즐겨 말한다. 그러나 토저의 말에 의하면, 하나님은 '집단으로서의 사람들'이 아니라 '한 사람, 한 사람'에게 관심을 집중하신다. 어떤 사람을 대하실 때든, 그분은 이 세상에 그 사람 혼자만 살고 있는 것처럼 대하신다고 토저는 말한다.

토저의 이 말을 들은 나는 편집 작업을 계속 해나갈 수가 없었다. 며칠 동안 그의 이 말을 깊이 묵상했고, 그 후에야 비로소 편집 작업을 재개할 수 있었다.

우리를 향한 하나님의 사랑의 깊이를 정말로 깨달은 사람은 별로 없는 것 같다. 우리는 타성에 젖어 그분의 사랑을 너무나 당연시한다. 이 책을 읽으면, 토저가 '하나님의 사랑'이라는 주제를 여러 각도에서 접근하고 있음을 알게 될 것이다. 책을 읽어갈수록 당신은 이 책에 더욱 빠져들 것이다. 왜냐하면 하나님의 사랑이 얼마나 대단한지를 알게 될 것이고, 또 그 사랑이 어떻게 각 사람에게 전달되는지를 보게 될 것이기 때문이다.

아는 것과 경험하는 것은 다르다

토저가 꽤 가혹할 때가 있는데, 특히 종교에 대해서 그렇다. 그에 의하면, 오늘날 기독교의 문제는 바리새인들이 교회의 지도자로 앉아 있기 때문이다. 바리새인들은 사랑보다는 율법에 관심이 많다. 특히 예수님의 시대에는 더욱 그랬다. 그들이 사람들의 어깨 위에 율법을 자꾸, 자꾸, 자꾸 얹어놓았기 때문에 사람들은 결국 그 무게를 견디지 못하고 쓰러졌다.

토저는 바리새인 같은 교회 지도자들이 어떤 사람들인지를 여지없이 폭로한다. 그는 사람들이 종교의 율법 때문에 하나님의 사랑을 경험하지 못한다고 굳게 믿었다. 토저는 바리새인들이 하나님의 사랑에 대해 설명하고, 끊임없이 말하고, 그것을 아주 세부적으로 정의(定義)할 수 있다는 것을 인정했다. 그러나 그가 보기에 그들의 문제는 하나님의 사랑을 믿었지만 정작 그 사랑을 경험하지는 못한 것이었다.

오늘날의 종교도 똑같은 문제를 안고 있다! 우리는 성경에 있는 것들을 설명할 수 있지만, 하나님의 말씀 안에 담긴 진리를 다 경험하지는 못했다. 토저가 언제나 역설했던 것은 "진리를 알면서도 그것을 경험하지 못하면 진리를 아는 것이 아무 소용없다"라는 것이었다.

이 책의 또 다른 흥미로운 점은 토저가 어떤 장(章)에서 '용서받지 못할 죄'에 대해 논한다는 것이다. 지금 이 죄에 대해 언급하는 사람은 별로 없다. 그리고 이에 대해 언급하는 사람들조차 종종 이에 대해 정확히 이해하지 못한 것으로 보인다. 토저는 용서받지 못할 죄에 대해 놀라운 설명을 제시하면서, 오늘날 그리스도인으로서 우리가 이것을 어떻게 다루어야 하는지를 말해준다. 이것이 무엇이고, 또 이것이 우리에게 어떤 영향을 끼치는지를 모른다면, 우리의 기독교 신앙은 파괴되고 훼손될 것이다.

이 책을 편집할 때 내가 가장 힘들었던 부분은 내가 가지고 있는 자료들 중에서 어떤 것들을 제외시킬까 하는 문제였다. 요한복음을 다룬 토저의 이 설교들은 그의 설교들 중 최고에 속한다. 시카고에서의 사역 막바지에 접어들었을 때였기에, 그는 하나님께 받은 지혜와 성령의 조명을 설교 하나하나에 온전히 쏟아부었다.

토저가 이 책에서 말하는 모든 것들에 동의하지 않는 사람들도 있을 것이다. 사실, 토저도 사람들이 그의 말에 전부 동의해주기를 원하지는 않았을 것이다. 아무튼, 우리가 이 책을 읽을 때 한 장 한 장을 곱씹어 내려간다면 올바른 방향을 잡게 될 것이다.

  나는 이 책의 한 장(章)을 읽은 후에 그 장에 대해 깊이 생각해보는 방법을 권한다. 토저의 책을 '빨리 읽기' 경쟁하듯이 읽는 것은 좋은 방법이 아니다. 그가 경험했던 진리를 당신도 경험해야 그의 책을 제대로 읽은 것이다. 그런 경험을 하게 된다면, 이 책을 손에서 놓을 때의 당신은 처음 책을 읽기 시작했을 때와는 달라져 있을 것이다.

제임스 L. 스나이더

들어가는 글

1 그 사랑을 경험하라

1장	그리스도의 집중적 사랑	16
2장	그리스도의 감정적 사랑	31
3장	그리스도의 무조건적 사랑	44
4장	그리스도의 절대적 사랑	56
5장	그리스도의 전염성 사랑	68
6장	죄를 깨닫게 하시는 그리스도의 사랑	82
7장	책임을 깨닫게 하시는 그리스도의 사랑	92
8장	성육신하신 그리스도의 사랑	102
9장	그리스도의 침묵의 사랑	110
10장	그리스도의 고독한 사랑	122

차례

2 그 사랑에 반응하라

11장	그리스도의 주권적 사랑	136
12장	그리스도의 지속적 사랑	146
13장	그리스도의 충실한 사랑	158
14장	그리스도의 확신 넘치는 사랑	168
15장	그리스도의 지식 있는 사랑	182
16장	그리스도의 놀라운 사랑	194
17장	그리스도의 지극한 사랑	203
18장	그리스도의 신실한 사랑	211
19장	그리스도의 인격적 사랑	219
20장	그리스도의 희생적 사랑	228

마치는 기도

NO GREATER LOVE

PART
01

그 사랑을
경험하라

그리스도의 집중적 사랑

내가 네게 거듭나야 하겠다 하는 말을 놀랍게 여기지 말라

요 3:7

"오, 아버지! 그리스도의 사랑은 제가 경험한 가장 놀라운 것이나이다. 그리스도께서 그 사랑을 저에게 집중시키시고 저를 아버지의 나라 안으로 들어오게 하셨으므로 당신을 찬양하나이다. 제 날마다의 삶이 당신의 사랑에 대한 간증이 되게 하소서. 예수님의 이름으로 기도하나이다. 아멘."

무엇인가를 강조하려는 의도에서 사용하는 최상급 표현이 간혹 지나칠 때가 있다. 그러나 요한복음 3장의 처음 몇 구절에 담긴 주님의 교훈의 절대적 중요성은 아무리 강조해도 지나치지 않을 것이다. 그분의 교훈은 정말로 혁명적인 것이다!

그분의 교훈은 인간 사이를 명확히 분류한다. 포함하거나 배제하고, 나누고, 구별한다. 그분의 교훈은 다른 모든 종교적 교훈들과 다르다. 아니, 사실 그분의 교훈은 단순히 종교적인 교훈이 아니다. 그것은 그분에게서 나오지 않았다. 대부분의 종교적 교훈들이 여기저기서 끌어온 것들을 짜깁기해서 만든 것이지만, 그분의 교훈은 그런 것이 아니었다. 전혀 아니었다!

간단히 말하자면, 그분의 교훈은 사실에 대한 보도(또는 보고, report)였다. 취재의 임무를 받고 나간 기자는 자신이 보고 들은 것을 보도한다. 그럴 경우, 우리는 이를 교훈이라고 하지 않고 사실의 보도라고 한다.

그렇다! 예수님은 보도하신 것이다. 그분은 "진실로 진실로 네게 이르노니 우리는 아는 것을 말하고 본 것을 증언하노라 그러나 너희가 우리의 증언을 받지 아니하는도다"(요 3:11)라고 말씀하셨다. 이 말씀에서 알 수 있듯이, 그분은 스스로 기자의 역할을 맡으신 것이다. 그리고 우리가 이해할 수 있는 언어로 표현하기 위해 "나는 내가 보고 아는 것을 네게 전하노라"라고 말씀하셨다.

그분의 말씀은 이런저런 것들을 끌어다가 만들어낸 교훈이 아니라 보도였다. 천국의 주님이신 그분이 천국에 계셨을 때 보고 듣고 알았던 것을 이 땅의 사람들에게 보도하신 것이었다. 그분이 "하늘에서 내려온 자 곧 인자 외에는 하늘에 올라간 자가 없느니라"(요 3:13)라고 말씀하셨다는 것을 기억하라.

사실을 거부한 인류

예수님은 많은 사람들이 그분의 보도를 받아들이지 않을 것을 아셨다. 그래서 "내가 땅의 일을 말하여도 너희가 믿지 아니하거든 하물며 하늘의 일을 말하면 어떻게 믿겠느냐 하늘에서 내려온 자 곧 인자 외에는 하늘에 올라간 자가 없느니라"(요 3:12,13)라고 말씀하셨다.

이 말씀은 니고데모가 "어찌 그러한 일이 있을 수 있나이까"(요 3:9)라고 물었을 때 그분이 제시하신 설명이었다. 예수님은 그분이 전하시는 것, 즉 그분이 보신 것을 사람들이 믿지 않을 것이라고 말씀하셨다. 아니, 믿지 않을 뿐만 아니라 심지어 거부할 것이라고 말씀하셨다. 그들이 그렇게 하는 데에는 두 가지 이유가 있다.

첫째, 사람들은 세상과 죄를 너무나 사랑한다. 둘째, 그들에게는 사실을 보도하시는 분에 대한 믿음이 없다. 하나님의 아들이신 구주를 믿지 않는 것이다. 불신앙은 마음의 연약함이나 실패가 아니라 마음의 견해다. 예수님을 믿지 않는다는 것은 그분에 대해 나름대로 견해를 갖고 있다는 것을 의미하는데, 그 견해는 그분을 믿는 것을 가로막는다.

이런 경우를 가정해보자. 어떤 기자가 미국의 수도 워싱턴에서 그가 보고 들은 것을 기사로 쓰지만, 때로 사람들은 그의 기사를 무시한다. 이는 그들이 그 기사의 내용을 이해하지 못했기 때문이 아니고, 그들의 마음이 연약하기 때문도 아니다. 그 기자를 믿지 않기 때문이다.

어떤 이들은 하나님이 주시는 말씀을 믿으면서 그분이 참되시다는 것을 인정한다. 하지만 또 어떤 이들은 그분이 참되시다는 것을 부정하거나, 적어도 예수 그리스도가 하나님의 아들이시라는 것을 부정한다. 그들은 그 사실을 보도하는 자의 진실성을 의심하며, 그 보도를 받아들이길 거부한다.

인류의 두 머리

우리의 주님이 말씀하시는 것은 무엇인가? 주님은 기본적인 대조(contrast)에 대해 강조하신다. 사도들도 성경의 다른 곳에서 이에 대해 가르친다. 이 대조는, 우선 인류의 머리가 둘이라는 사실에서 발견된다. 두 머리 중 하나는 '첫 아담'인데, 그는 자연적 인류의 머리다. 그는 우리 모두의 조상이지만, 모든 이들이 이 첫 아담 안에서 죽었다. 이에 대해 고린도전서 15장 22절은 "아담 안에서 모든 사람이 죽은 것같이 그리스도 안에서 모든 사람이 삶을 얻으리라"라고 말한다.

이러한 아담과 대조되는 인물은 '마지막 아담'이신 그리스도이시다. 그리스도는 속량 받은 인류의 머리시다. 그리스도에 대한 성경의 여러 언급 중에는 "육의 몸으로 심고 신령한 몸으로 다시 살아나나니 육의 몸이 있은즉 또 영의 몸도 있느니라 기록된 바 첫 사람 아담은 생령이 되었다 함과 같이 마지막 아담은 살려주는 영이 되었나니"(고전 15:44,45)라는 말씀이 있다.

살펴본 것처럼, 인류에게는 대조되는 두 머리가 있다. 하나는 자연적 인류의 머리인 아담이고, 다른 하나는 영적 인류의 머리인 그리스도이시다. 그리스도는 '살려주는 영'이셨고, 지금도 '살려주는 영'이시다. 성경은 "첫 사람은 땅에서 났으니 흙에 속한 자이거니와 둘째 사람은 하늘에서 나셨느니라"(고전 15:47)라고 말한다.

이 두 인류는 함께 존재하며 섞여서 살아간다. '첫 아담'에게 속한 자들은 어디에서나 볼 수 있는 사람들이며, '마지막 아담'에게 속한 자들은 선한 일을 위하여 그리스도 예수 안에서 창조된 새로운 사람들이다. 사도 바울이 고린도후서 5장 17절에서 "누구든지 그리스도 안에 있으면 새로운 피조물이라"라고 말한 데서 알 수 있듯이, 그리스도 안에 있는 자들은 주 예수 그리스도를 머리로 삼는다. 그들에게는 더 이상 아담이 머리가 아니다. 그들은 아담에게 뿌리를 두지 않고 그리스도에게 뿌리를 둔다. 아담에게서 생명을 취하지 않고 그리스도에게서 생명을 취하며, 그분의 형상을 닮는다. 그리스도는 새롭게 창조된 자들의 새 머리이시며, 성령으로 난 자들의 새 머리이시다.

그런데 이 두 종류의 인류가 세상에 함께 존재하면서 문제가 생긴다. 모든 도시들에서 종교적 충돌과 박해가 일어나게 된 것이다.

새로운 형제 관계에 들어간 사람들

두 인류가 섞여서 공존한다는 사실은 속량 받은 사람들도 옛 아담의 인류처럼 음식을 먹고, 직장에 가고, 자동차를 운전하고, 전화 통화를 하고, 돈을 지불하면서 도시들에서 살아간다는 것에서 확인된다.

그러나, 보라! 신비 중의 신비, 즉 정말 놀라운 일이 한 그룹의 사람들에게 일어났다. 이 그룹의 사람들이 겉으로는 다른 그룹과 같아 보이지만 그렇지 않다. 두 그룹이 쉽게 구별되지는 않지만, 이 둘은 사실 서로 다르다. 속량 받은 자들은 비록 아담의 씨에서 태어났지만, 다시 태어나 아담의 씨로부터 건짐 받고 하나님의 나라로 들어간 자들이다. 그러다 보니 이 세상에는 두 나라가 공존하게 된다. 하나는 육의 나라이고, 다른 하나는 '하나님의 나라'라고도 불리는 영의 나라이다.

물론 나는 인류의 형제 관계를 믿는다. '한 번 태어난 자들'의 보편적 형제 관계를 믿고, 또 '두 번 태어난 자들'의 보편적 형제 관계를 믿는다. 그런데 지금 우리 주변에서 볼 수 있는 현대주의자들과 자유주의자들의 잘못은 이 두 그룹을 구별하지 않는다는 데 있다. 그들은 보편적 형제 관계의 울타리를 만들어놓고 "누구나 이 울타리 안에 속한다"라고 말한다. 그러나 예수 그리스도는 보편적 형제 관계의 울타리를 만들어놓고 "거듭난 사람이 아니라면 이 울타리 안에 속하지 않는다"라고 말씀하신다. 자유주의자는 "나는 인류의 형제 관계를 믿습니다. 그리고 보편적 형제 관계 안에 있는 모든 이들이 하나님의 자녀라고 믿습니다"라고 말할지 모르겠다. 그러나 예수님은 육에 속한 보편적 형제 관계가 있다고 말씀하신다.

"예수께서 대답하시되 진실로 진실로 네게 이르노니 사람이 물과 성령으로 나지 아니하면 하나님의 나라에 들어갈 수 없느니라 육으로 난 것은 육이요 영으로 난 것은 영이니"(요 3:5,6).

나는 타락한 인류의 형제 관계를 믿지만, 또 하나님의 아버지 되심을 믿는다. 그러나 여기서 내가 말하는 '하나님의 아버지 되심'은 그분이 아담의 인류 전체에게 아버지가 되신다는 뜻이 아니라 새롭게 태어난 사람들, 즉 구원받은 사람들에게 아버지가 되신다는 뜻이다. 그분은 그리스도인들에게 아버지가 되신다. 옛 세상에 속한 사람들은 아담에게서 나서 아담을 아버지로 삼지만 하나님을 아버지로 삼지는 않는다.

하나님은 아담을 창조하셨고, 아담에게 후손이 생겼고, 그 후손이 온 땅에 거하게 되었다. 우리의 보편적 형제들이 하나의 옛 아버지에게서 나왔다. 하지만 하나님의 자녀들의 경우는 다르다.

하나님의 나라에 들어가게 되면 우리는 '지극히 높으신 분'의 자녀가 되는 것이고, 속량 받은 자들의 새로운 형제 관계 안으로 들어가게 되는 것이다. 그렇게 하나님은 우리의 아버지가 되시고, 그리스도는 우리의 머리가 되신다.

한 나라 안에도 다름이 존재한다

두 나라가 있는데, 그중 한 나라인 육의 나라에는 아담의 후손이 거한다. 인류는 공통적 기원과 혈통에 의해 연합되어 있다. 세상의 이곳저곳에 흩어져 사는 인류를 보면 피부색과 언어가 서로 다른 것을 보게 된다. 모두 한 혈통에서 나온 그들은 아담의 자손으로서 지면에 흩어져 살아간다.

인류에게서는 문화 수준, 교육 수준, 과학 발전의 단계, 그리고 문명 발달의 단계가 서로 다르게 나타난다. 무기와 도구를 모두 돌로만 만들었던 소위 석기 시대가 있었고, 그 후에는 철기 시대가 도래했다. 그리고 지금 우리는 원자 시대에 살고 있다. 하지만 이런 차이점들에도 불구하고 '아담의 인류'라는 점에서는 똑같다. 비행기를 타든, 손수레를 타든, 모두 똑같이 옛 아담의 자손일 뿐이다. 어떤 면들에서 과거보다 향상되었다 할지라도 역시 아담의 자손일 뿐이다. 그들 사이에도 어떤 차이점들이 있지만, 육의 나라를 물려받았다는 점에서는 모두 똑같다.

두 나라 중 다른 하나는 때때로 '하나님의 나라'라고도 불리는 성령의 나라이다. 이 나라의 백성은 성령으로 난 사람들이다. 그들은 아담의 나라(육의 나라)에서 사람들이 언어나 피부색 같은 것들의 차이로 서로 구별되듯이 역시 구별된다. 즉, 하나님의 나라에서도 사람들은 어떤 부분에서 서로 다르다.

그리스도인들도 언어 장벽과 거리 때문에 서로 나뉘어 떨어져 있다. 그리스도의 제자들은 오순절 날에 한마음으로 한 장소에 모여 있었다. 그러나 지금은 전 세계의 모든 성도들을 한 장소에 모으는 것이 불가능하다. 그 수가 너무 많아졌기 때문이다. 속량 받은 하나님의 자녀들을 모두 한 번에 모을 수 있을 만큼 큰 스타디움은 이 세상에 없다. 그들을 한 장소에 모을 수도 없고, 그들 한 사람 한 사람에게 번호를 붙일 수도 없다. 하나님의 자녀들이 모두 모이는 것이 불가능할 뿐만 아니라, 그들이 동일한 시간에 함께 사는 것도 불가능하다. 최근에 세상을 떠난 사람들도 있고, 아주 오래 전에 죽은 사람들도 있고, 어떤 그리스도인들은 아직 태어나지도 않았다. 그들은 이처럼 공간적으로 나뉘어 있고, 시간적으로도 분리되어 있다.

또한 그들 사이에는 사소한 차이점들도 있다. 예를 들어보자. 거듭난 루터교 신자가 루터교 교인으로만 성장했다면 다른 종류의 그리스도인들도 있음을 알지 못할 것이다. 미국 남부의 침례교 신자가 "나는 이제까지 평생 침례교회 외에는 다닌 교회가 없습니다"라고 말하는 경우가 벌어질 수도 있다. 이런 사람은 자기에게 없는 것이 무엇인지조차 모르게 될 것이다.

이제 성령의 나라에 대해 생각해보자. 어떤 이들은 모든 그리스도인들이 하나의 교파에 속해야 한다고 말하기도 한다. 물론 그리스도인들 사이에 분열이 일어난다면 정말 끔찍한 일이겠지만, 어떤 점들에서 그들이 서로 다른 것은 불가피하다. 그들은 도처에 흩어져 살고 있기 때문이다.

하지만 시간적, 공간적 제약에도 불구하고 우리 모두는 하나다. 한 성령으로 거듭나서 연합되어 있고, 한 성령으로 세례를 받았고, 한 몸의 지체들이 되었고, 한 아버지와 한 구주와 한 주님과 한 신랑을 모시고 있고, 한 천국을 향해 나아가고 있다.

"우리는 나누어져 있지 않고 모두 하나일세"라는 찬송가를 비웃지 말고, 이것이 사실임을 하나님께 감사하자. 다시 한 번 말하지만, 이것이 사실이므로 하나님께 감사하자. 영적 세계에 속한 자들로 이루어진 나라가 있음을 감사하자. 그들이 분열되어 있지 않고 하나임을 감사하자. 예수님이 "그들도 하나가 되게 하려 함이니이다"(요 17:22)라고 기도하신 것을 감사하자. 인류가 하나이듯이 우리가 하나인 것을 감사하자.

육은 그저 육이다

우리에게는 두 나라가 있고 두 번의 출생이 있다. 그런데 육으로 난 것에 대해 예수님이 무엇이라고 말씀하셨는가? 육으로 난 것은 결국 육일 뿐이다. 그것은 스스로의 힘으로는 성령의 나라 안으로 들어갈 수 없다. 아무리 신앙교육을 많이 받아도 성령의 나라 안으로 들어갈 수 없다. 제자들의 교훈과 가르침과 교육을 모두 동원한다 해도 우리를 '성령을 따르는 자'로 만들어줄 수 없다.

우리가 플라톤과 같은 사고력을 갖고 있다 해도, 육은 육이다. 미켈란젤로 같은 예술적 능력을 갖고 있다 해도, 육은 육이다. 베토벤 같은 음악적 능력을 갖고 있다 해도, 육은 육이다. 아인슈타인 같은 천재성이 있다 해도, 육은 육이다. 육으로 난 것은 육이기 때문에, 우리가 죽음을 면할 수 없는 인간에게 알려진 그 어떤 수단을 동원한다 해도 육을 성령의 나라 안으로 들어가게 할 수는 없다.

우리를 육으로 만드는 출생이 있다. 이 출생은 우리를 아담의 몸 안에 있게 하고, 아담 나라의 백성으로 만들어준다. 하지만 또 다른 출생, 즉 성령으로 나는 출생이 있다. 이것을 통해 우리는 하나님의 나라 안으로 들어가게 되고, 하나님은 우리의 아버지가 되시고, 그리스도는 우리의 머리가 되신다. 육으로 난 것은 그냥 육으로 남아 있지만, 영으로 난 것은 전혀 다른 길을 가게 된다.

두 번 태어난 자들은 생명의 주님이 주관하시는 곳, 즉 하나님의 빛으로 둘러싸인 천국에서 영생을 누리게 된다. 이것이 두 번 태어난 자들의 운명이다.

우리는 옛 아담에게서 나온 자들, 즉 타락한 인류의 형제들이 있다는 것을 알아야 한다. 성경에 의하면, 그들은 저 마지막 날에 땅의 먼지를 털고 일어나서 부끄러움과 경멸을 영원한 운명으로 받아들여야 할 것이다. 지금 옛 나라에 거하는 자들에게 돈이 있고, 상당한 교육 수준이 있고, 고위관리직으로 일한다 해도, 그들은 아담의 후손일 뿐이다.

나에게 초점을 맞추시는 하나님

우리는 하나님께서 복음으로 모든 이들의 마음을 심판하실 날까지 기다려야 한다. 그리고 그때까지는 육의 세계와는 다른 세계에서 살아가게 된다. 우리는 동시에 두 차원에서 살아간다. 하나는 아담의 차원이고, 다른 하나는 그리스도의 차원이다. 우리는 거듭나서 다른 차원으로, 즉 성령의 차원으로 들어왔기 때문에 그 안에서 과거 역사 속의 선한 성도들을 만나 사귀게 된다.

나는 사도신경이 말하는 '성도의 교제'를 믿는다. 내 삶에 허락된 그 '성도의 교제'라는 차원에서 나는 나보다 먼저 신앙의 길을 간 모든 이들과 하나가 될 수 있다.

우리가 세상의 나라 안에 있지 않고 하나님의 나라 안에 있다면 그리스도의 사랑이 내게 초점을 맞추게 된다. 우리는 이것을 알아야 한다. 세상 나라 안에 있는 자들은 그들을 향한 그리스도의 사랑이 무엇인지 모르고, 그 사랑을 받아들이지도 않는다.

그러나 이 하나님의 나라 안에 있는 우리에게는, 우리를 향한 그리스도의 사랑을 받아들일 수 있는 능력이 있다. 하나님의 모든 사랑은 그분의 백성에게 초점을 맞춘다. 왜냐하면 그들은 그분의 사랑을 받아들이고 믿을 수 있는 자들이기 때문이다. 이것이 우리가 반드시 알아야 할 것이다.

02 chapter

그리스도의 감정적 사랑

하나님이 세상을 이처럼 사랑하사 독생자를 주셨으니

이는 그를 믿는 자마다 멸망하지 않고 영생을 얻게 하려 하심이라

요 3:16

"오, 제 구주와 주님이신 예수 그리스도의 하늘 아버지! 예수님을 통해 주시는 당신의 사랑을 제 마음이 얼마나 기뻐하는지요! 그 사랑에 대해 감사하나이다. 오, 하나님, 제 삶의 모든 부분에서 그 사랑을 품도록 도우소서. 예수님의 놀라운 이름으로 기도하나이다. 아멘."

요한복음 3장 16절은 성경의 모든 구절들 중에서 가장 잘 알려진 구절이라고 해도 무방할 것이다. 나는 회심했을 때 이 구절을 읽었고, 그 후로 내 머릿속에는 늘 이 구절이 맴돌았다. 앞으로도 죽을 때까지 내 머릿속을 떠나지 않을 것 같다. 이 구절에 담긴 그 무엇이 하나님의 일들을 더욱 추구하고 싶은 갈망을 내 안에 불어넣는다.

여기서 내가 분명히 말하고 싶은 것이 있다. 어떤 것에 대해 안다고 해서 그것을 경험했다고 말할 수는 없다는 것이다. 예를 들어, 요한복음 3장 16절을 머리로 안다고 해서 그것의 의미를 이해하거나 받아들이거나 경험한 것은 아니다. 이 구절의 의미를 경험할 때, 비로소 우리는 참된 영적 관점에서 생명을 보게 된다.

내가 또 지적해야 할 것은 구약을 전제로 하지 않으면 요한복음 3장 16절의 의미를 정확히 이해할 수 없다는 것이다. 이 구절에 나오는 하나님은 누구신가? 그분의 아들은 누구신가? 신약과 구약이 모두 있어야 이 모든 것들을 알 수 있다. 만약 성경의 어느 한 구절을 전후문맥에서 떼어 생각하면 그 의미를 이해할 수 없다.

성경을 읽다보면 어떤 한 구절이 눈에 확 들어와 우리에게 메시지를 주고, 우리의 상상을 초월하는 방법으로 유익을 주는 경우들이 있다. 내가 볼 때 그런 성경구절 중 하나가 바로 요한복음 3장 16절이다. 이 구절은 하나님의 사랑의 감정적 측면을 우리에게 드러내준다.

하나님이 세상을 이처럼 사랑하사

하나님께 감정이 있다는 사실을 모르는 사람들이 많다. 그러나 성경을 읽어보면 그분이 다양한 감정들을 통해 그분의 마음을 표현하신다는 것을 알게 된다. 그분에게는 감정이 있다. 그분은 인격체(人格體)이시기 때문이다. 인격체에게는 당연히 감정이 있다. 그러므로 하나님의 감정적 사랑에 대해 논할 때에는 그 사랑에 대한 몇 가지 측면을 이해해야 한다.

요한복음 3장 16절은 "하나님이 세상을 이처럼 사랑하사"라는 말로 시작된다. 이것은 매우 의미 깊은 시작이다. 당신은 '이처럼 사랑하사'라는 표현을 어떻게 생각하는가? 우리는 때때로 그분의 사랑을 우리의 관점에서 평가한다. 우리는 사랑에 대해 말할 때 "나는 이것을(이 사람을) 사랑할 수 있다"라거나, 또는 "나는 저것을(저 사람을) 사랑할 수 없다"라고 말한다.

그러나 하나님께로 가면, 모든 장애물을 극복하는 감정적 사랑을 발견하게 된다. 성경은 사도행전 10장 34절에서 "하나님은 사람의 외모를 보지 아니하시고"라고 말한다. 이는 그분이 사람을 차별해서 대하지 않으신다는 것을 의미한다. 그분이 사람들을 차별하지 않으시는 이유는 그분의 형상대로 지으셨기 때문이다. 우리가 확실히 붙잡아야 할 것은 그분이 우리를 그분의 형상으로 지으셨기 때문에 우리를 그분의 감정적 사랑의 대상으로 삼으신다는 사실이다.

이것을 이해하기 위해 우리가 또 알아야 할 것은 우리 삶 속의 죄가 하나님의 사랑을 가로막을 수 없다는 것이다. 우리의 죄가 그분의 사랑을 짓누를 수 없다. 오히려 그분의 사랑이 내 죄를 짓누른다. 그렇기 때문에 요한은 "만일 우리가 우리 죄를 자백하면 그는 미쁘시고 의로우사 우리 죄를 사하시며 우리를 모든 불의에서 깨끗하게 하실 것이요"(요일 1:9)라고 썼다.

하나님이 처리하지 못하실 만큼 큰 죄는 없다. 나는 우리가 "하나님의 사랑은 개인화되어 있다"라고 말해도 무방하다고 생각한다. 다시 말하자면, 그분의 사랑이 집단적으로 표현되지 않는다는 것이다. 오히려 그분의 사랑은 각 개인의 마음속으로 흘러들어간다. 이 말에는 그분의 사랑을 얻을 수 있는 길이 누구에게나 공평하게 열려 있다는 뜻이 담겨 있다. 그 길은 바로 예수 그리스도이시다. 그렇다! 그분은 '공평하게 하시는 분'이다.

사랑의 유일한 길, 예수 그리스도

"하나님이 세상을 이처럼 사랑하사 독생자를 주셨으니"(요 3:16).

하나님의 독생자는 하나님의 사랑을 경험할 수 있는 길이다. 다른 길은 없다. 내가 노력하고 수고한다고 그분의 사랑을 얻을 수 없다. 내가 매력적인 존재가 된다고 그분의 사랑을 얻을 수는 없다. 내가 그분의 사랑을 얻을 수 있는 방법은 저 놀라운 문, 즉 예수 그리스도를 통하는 것뿐이다. 그렇기 때문에 그분은 "내가 곧 길이요 진리요 생명이니"(요 14:6)라고 말씀하셨다. 이 모든 것에서 알 수 있듯이, 하나님의 사랑은 각 사람에게 주어진다.

이 구절을 읽고 여기에 나타난 사랑을 깨달을 때, 우리는 하나님의 열정과 능력을 알게 된다. 때로 사람들은 하나님이 우리를 무참히 짓밟기 원하는 '하늘에 있는 비열한 거인'이라고 생각한다. 이는 그분을 오해한 것이다. 또한 그분은 나를 좋아하는 어떤 신이 아니다. 그분을 생각할 때, 특히 요한복음 3장 16절에 나타난 그분을 생각할 때, 내 눈에는 그분이 인간 때문에 겪으신 고통과 눈물이 보이기 시작한다.

하나님이 인류에게 시선을 두시고 그들에게서 부패와 죄를 보실 때 틀림없이 고통을 느끼고 눈물을 흘리신다. 그래서 그분은 그분의 아들을 보내셨다. 이는 우리가 우리를 향한 그분의 사랑을 받아들이도록 하기 위함이었다. 그분의 사랑이 훼손될 수 없는 것은 그 무엇도 그분의 능력과 열정을 이길 수 없기 때문이다.

하나님의 이 감정적 사랑에 대해 내가 말하고 싶은 것은 두 가지다. 우선, 우리를 향한 그분의 사랑 자체다. 우리는 그분의 사랑이 얼마나 큰지 이해할 수 없을 것이다! 그분의 사랑은 영원하고, 끝이 없으며, 무한하다. 그분이 우주 전체에서 가장 사랑하시는 존재는 그분의 형상대로 지음 받은 우리 인간이다. 그렇다! 우리를 향한 그분의 사랑에는 감정적 측면, 즉 불같은 뜨거움이 있다. 그분은 다른 무엇보다도 우리를 원하신다!

하나님의 이 감정적 사랑에 대해 내가 또 말하고 싶은 것은 그 사랑의 이면(裏面)에 있는 것, 즉 반역하는 자들을 향한 그분의 진노이다. 하나님을 배척하는 자들은 그분의 사랑을 경험하지 못할 것이다. 그리고 그 배척으로 인해 생긴 빈 공간은 그분의 진노로 채워질 것이다. 하나님은 우리가 그분께 나아오기를 원하시지만, 인간의 반역적 본성은 그분을 밀어낸다. 이러한 인간의 본성은 회개와 고백을 통해서만 처리될 수 있다. 우리가 얼마나 깊은 타락에 빠졌는지 또는 얼마나 많은 죄를 범했는지는 문제가 되지 않는다. 유일하게 중요한 것은 우리가 회개하며 "하나님은 우리를 너무나 깊이 사랑하시기 때문에 우리를 용서하시고 모든 불의에서 깨끗케 하실 수 있습니다"라고 고백하는 것이다.

변화의 동력, 사랑

우리는 우리를 향한 하나님의 사랑이 그분의 형상에 뿌리를 두고 있다는 것을 알아야 한다. 그것은 우리의 형상에 뿌리를 두고 있지 않다. 그것은 그분의 본성과 성품에서 흘러나온다.

나는 어떤 사람의 어떤 행동 때문에 그를 좋아하지 않는 경우가 있다. 때로 사람들이 내 기준에 부합하지 않을 때 그들을 판단하기도 한다. 그러나 하나님은 그런 것들에 전혀 개의

치 않으신다. 나를 향한 그분의 감정적 사랑은 어떤 장애물이라도 극복한다. 만일 그분이 예수 그리스도를 통해 내 삶 속으로 들어오시도록 허락한다면, 나는 나를 하나님의 형상으로 한 단계 한 단계 변화시키는 그분의 사랑의 동력(動力)을 경험하게 될 것이다. 하나님의 모든 사랑의 목적은 나를 그분의 형상으로 변화시키는 것이다.

마귀가 하나님에게서 빼앗으려고 했던 것, 바로 그것을 그분은 능히 다시 회복하여 기쁨과 즐거움을 느끼신다. 하나님은 우리를 기뻐하시며, 그분의 모든 사랑은 우리에게 초점이 맞춰져 있다. 그런데 만일 그분의 사랑이 감정적인 것이 아니라면, 나는 그 사랑이 어떤 것인지 알 수 없을 것이다.

어떤 이들은 감정적 사랑이 오르락내리락하고 앞뒤로 왔다 갔다 하다가 결국에는 어딘가에 부딪혀 깨지는 사랑이라고 생각한다. 그러나 나는 그런 사랑에 대해 말하는 것이 아니다. 그런 일반적 생각으로는 설명될 수 없을 정도로 강렬한 뜨거움과 능력이 하나님의 사랑에 담겨 있다. 나는 이런저런 생각을 통해 그분의 임재 안으로 들어갈 수 없다. 나를 압도하여 그분의 임재로 들어가게 하는 것은 그분의 사랑이다. 그분은 우리의 부패를 극복하는 것을 기뻐하신다. 우리가 아무리 악하다 할지라도, 그분은 얼마든지 우리를 우리의 부패에서 건져 그분의 밝은 기쁨 속으로 끌어들이실 수 있다.

변하지 않는 사랑이 일으키는 변화

우리가 또 알아야 할 것은 하나님의 사랑이 변하지 않는다는 것이다. 그분의 사랑은 '성장하는 사랑'이지만, 사실 우리의 관점에서 볼 때 그것이 성장하는 것처럼 보이는 것이다. 그분의 어떤 것도 변하지 않으신다. 예수 그리스도는 어제나 오늘이나 영원토록 동일하시다.

하나님은 변하지 않으신다. 하지만 우리는 변한다. 우리를 변화시키고, 우리를 발전시키고, 주 예수 그리스도를 아는 지식에서 성장시키는 것은 그분의 사랑이다.

그리스도에게 갈 때 우리는 그 사랑을 경험하기 시작한다. 그리고 바로 그 첫 순간에, 우리에게는 하나님의 '모든' 사랑이 주어진다. 문제는 우리가 그 사랑을 조금만 알게 된다는 것이다. 하지만 그분을 따를수록 그분의 사랑이 어떤 것인지 점점 더 많이 깨닫게 된다. 그분의 사랑은 단지 '한때의 사랑'으로 끝나지 않는다. "좋습니다. 하나님이 나를 사랑하시니 이제 내게는 천국에 갈 일만 남았네요"라는 말로 모든 것을 끝

내려 하지 말라. 그분의 사랑을 경험하면 성장하게 된다. 그리고 그 경험이 많아질수록 삶 속에서 그분의 사랑을 받는 것이 무엇인지를 점점 더 깨닫게 되고, 그 사랑을 점점 더 누리게 된다.

마귀는 내가 쓸데없이 이 사람 저 사람을 찾아다니다가 결국 부루퉁한 표정으로 어느 구석에 틀어박히기를 원한다. 마귀는 내가 그 어떤 것도 얻을 자격이 없는 존재라고 내게 말한다. 맞다. 당신이나 나나 그 어떤 것도 얻을 자격이 없는 존재이다. 하지만 우리에게 자격이 있느냐 없느냐 하는 것은 문제가 되지 않는다. 중요한 것은 모든 자격을 갖고 계신 하나님의 감정적 사랑이 우리에게 길을 열어준다는 것이다.

만일 내가 내 자격에 의지해야 한다면 한 걸음도 앞으로 나아가지 못할 것이다. 하지만 나를 사랑하실 자격이 있는 하나님을 의지하면 그분 앞에 나아갈 수 있다. 그분의 사랑이 그분의 자격에서 흘러나온다는 것을 알게 될 때, 그리스도인의 삶은 아주 풍성해진다. 그분이 단지 내 삶 속으로 들어오시는 것이 아니라, 날마다 나를 그분 앞으로 끌어당겨 그분의 능력과 은혜를 누리게 하신다는 것을 알게 될 때, 그리스도인의 삶은 아주 매력적인 것이 된다.

내가 '감정적 사랑'이라는 표현을 사용하는 이유는 그것이 나와 함께 성장하기 때문이다. 내가 하나님을 알면 알수록 그분을 알고 싶은 마음이 더 생긴다. 그분의 사랑을 경험하기 시작하면, 내 눈에는 전에 알지 못했던 그분의 사랑의 새로운 단계가 보이기 시작한다. 그분의 사랑이 내가 상상할 수 있는 그 무엇보다 크다는 사실이 보이기 시작한다. 그 사랑이 얼마나 큰 지를 깨닫기 시작할 때, 나는 내 삶에서 그 사랑을 경험하기 시작한다.

내가 중요한 진리 중 하나라고 믿는 것은 이것이다. 즉, 하나님께서 나를 사랑하실 수 있고 그분을 향한 내 사랑을 받아들이실 수 있다면, 나는 이 세상의 누구라도 사랑할 수 있다! 그분은 나를 사랑하기 원하시며, 또 내 사랑을 받아들이기를 원하신다. 그분은 그분의 무한한 감정적 사랑을 우리의 삶 속에 부어주신다. 이 사랑은 그분에게로 다시 흘러가고, 그 다음에는 내 주변 사람들에게 흘러간다. 내 사랑을 받을 자격이 없는 사람들을 내가 사랑할 수 있는 이유는 하나님의 사랑을 받을 자격이 없는 나를 사랑하셨기 때문이다. 이것을 이해하면 요한복음 3장 16절을 이해할 수 있다.

내 사랑을 알게 하기 위함이라

나는 평생 이 구절을 묵상해왔고, 설교나 기고문에도 많이 인용했지만, 이 구절을 설교 본문으로 삼아 설교한 적은 최근까지 없었다. 이 구절은 여러 가지 면에서 지극히 아름답다. 그렇기에 묵상하면 할수록 그 아름다움이 더욱 드러난다. 내 마음과 생각 속에 그 아름다움이 더 퍼질수록 나를 향한 하나님의 사랑이 뼛속까지 느껴진다. 이 구절을 다시 한 번 음미해 보자.

"하나님이 세상을 이처럼 사랑하사 독생자를 주셨으니 이는 그를 믿는 자마다 멸망하지 않고 영생을 얻게 하려 하심이라"(요 3:16).

나를 향한 하나님의 이 감정적 사랑을 경험하는 것이 영생의 시작이다. 내가 하나님이 누구신지 알 수 있는 것은 오로지 내가 그분의 조건들에 따라 그분의 사랑을 받아들였기 때문이다. 그분은 우리의 조건들에 따라 그분의 사랑을 주시는 것이 아니다. 내가 볼 때 이는 아주 중요하다.

조건들은 하나님이 정하신다. 그중 가장 핵심적 조건은 우리 주 예수 그리스도이시다. 내가 하나님의 사랑을 경험하려 한다면 그 방법은 예수 그리스도뿐이다. 진정한 사랑은 그리스도 안에 나타난 하나님의 사랑이다. 다시 말하지만, 그 사랑은 변하지 않는다. 그분의 사랑이 더 나빠지거나 더 좋아지거나 더 많아지거나 더 적어지는 것이 아니다. 그 사랑은 언제나 동일하며, 날마다 내가 그것을 더 많이 경험하게 되는 것뿐이다.

세상에 있는 사람들에게 전할 우리의 메시지는 하나님이 그들을 사랑하신다는 것이다. 대부분의 종교는 "당신이 이러이러한 것들을 행하고 저러저러한 것들을 행하지 않으면 하나님께 사랑받을 것이다"라고 말한다. 그러나 하나님은 그런 식으로 사랑을 주시지 않는다. 그분은 이렇게 말씀하신다.

"내가 너를 지극히 사랑해서 내 아들을 보내 네 대신 죽게 했으니, 이는 네가 내 사랑을 알도록 하기 위함이다."

03 chapter

그리스도의 무조건적 사랑

하나님이 그 아들을 세상에 보내신 것은 세상을 심판하려 하심이 아니요

그로 말미암아 세상이 구원을 받게 하려 하심이라

요 3:17

"사랑하는 하늘의 아버지! 저를 한 인격체로 봐 주시고 부어주신 무조건적 사랑은 저에게 신비롭습니다. 저를 당신의 사랑을 받을 자격이 있는 자로 보아주신 것에 대해 감사하며, 주 예수 그리스도의 이름으로 당신의 사랑을 받아들이나이다. 아멘."

무조건적인 사랑이 있다고 믿는 것이 쉬운 일은 아니다. 특히 하나님이 그런 사랑을 베푸신다고 믿는 것은 더욱 어렵다. 우리는 언제나 우리의 사랑에 조건들을 붙인다. 혹시 우리가 "내 사랑은 무조건적인 사랑입니다"라고 말한다 할지라도, 예상치 못한 일이 생길 때면 우리의 사랑은 갑자기 사라져버린다.

모든 것을 아시는 사랑

그리스도는 모든 것을 아시기 때문에 무조건적인 사랑을 주실 수 있다. 그분은 모든 것을 처음부터 끝까지 아신다. 하나님이 놀라실 만한 일은 내 삶에서 일어날 수 없다. 그분은 모든 것을 아시기 때문에 내게 조건 없는 사랑을 주신다.

그리스도께서 세상에 오셨다. 그분이 오신 목적은 우리가 그분의 사랑을 앎으로써 하나님 앞에서 기뻐하도록 하기 위함이다. 그분이 오신 목적은 자신이 진정 누구이신지를 우리에게 알리는 것이었다.

우리가 무조건적인 사랑이 무엇을 위한 것인지 모른다면, 그리스도께서 누구이신지를 알 수 없다. 요한복음 3장 17절은 "하나님이 그 아들을 세상에 보내신 것은 세상을 심판하려

하심이 아니요"라고 말한다. 하나님이 그분의 아들을 보내신 목적은 매우 중요하기 때문에 우리가 반드시 알아야 한다는 것이다.

오늘날 많은 종교들은 하나님께서 우리를 정죄하기 위해 여기에 계신다고 가르친다. 큰 재앙이 닥치면 사람들은 즉시로 "하나님이 저 가족을, 저 사람을, 심지어 저 도시를 심판하신다"라고 말한다. 그러나 하나님이 여기에 계신 것은 세상을 심판하시기 위함이 아니다. 우리의 삶과 세상에서 일어나는 일들은 우리의 선택의 결과로 인한 것이다. 하나님은 우리가 잘못된 선택을 하는 것을 원치 않으시지만, 우리가 그런 선택을 하는 것을 막지 않으신다. 그분의 사랑은 우리의 선택에 의해 좌우되지 않는다.

우리는 하나님의 뜻을 알아야 한다. 그분의 뜻을 알게 되면 그리스도께서 우리를 정죄하기 위해 이 땅에 오신 것이 아님을 알게 된다. 만일 그분이 정죄하기 위해 오셨다면 우리 중 아무도 살아남지 못할 것이다. 하나님께서 우리를 용서하시고 우리의 모든 죄를 잊으시게 할 만한 것이 우리 삶에는 없다.

또한 하나님께서는 하나님이시기 때문에 우리의 죄를 잊으실 수 없다. 그러나 예수 그리스도의 피를 통해서는 그것이 가능하다. 사실, 오직 그리스도의 피를 통해서만 우리의 죄가 우리의 삶으로부터 영원히 제거될 수 있다. 그리스도께서 내 삶 속으로 들어오시면 하나님은 나를 보실 때 과거를 보지 않는다. 그분이 우리의 삶 속에서 보시는 것은 기쁨을 주는 그분의 아들, 주 예수 그리스도의 모습뿐이다.

구원이 무엇을 위한 것인지에 대해 잘못된 생각을 갖고 있는 사람들이 일부 있다. 그들은 "구원은 우리가 지옥에 가지 않도록 건져주는 것이다"라고 말한다. 물론 구원이 우리의 지옥행을 막아주는 것은 사실이지만, 그것이 구원의 전부라고 생각하면 중요한 것을 놓치게 된다. 구원은 단지 무엇인가로부터 건져내는 것만이 아니라, 무엇 또는 누구에게 가도록 해주는 것이다. 우리는 구원받아 그리스도에게 가야 하며, 우리의 삶 속에서 그분의 무조건적인 사랑을 만나야 한다.

누구에게나 동일한 사랑

그리스도의 사랑이 무조건적이라는 내 말은 그분의 사랑이 누구에게나 동일하다는 것을 의미한다. 하나님은 그 어떤 사람도 우리와 다르게 대우하지 않으신다. 모든 사람들은 동일하며, 죄는 우리가 어떻게 정의하든 간에 결국 죄일 뿐이다.

그렇기 때문에 그리스도께서 어떤 면에서도 흠 잡을 데 없는 그분의 무조건적인 사랑을 갖고 찾아오신 것이다.

물론 우리가 이 사랑을 거부할 수도 있다. 선한 것처럼 보이는 삶을 살아온 사람들에게 닥칠 수 있는 가장 무서운 순간은, 그가 그리스도와 대면했을 때 "내가 너희를 도무지 알지 못하니 불법을 행하는 자들아 내게서 떠나가라"(마 7:23)라는 무서운 말씀을 듣는 순간일 것이다. 그 순간에 그들은 그들에게 찾아왔던 하나님의 사랑을 자기들이 영원히 거부했다는 것을 깨닫게 될 것이다. 그리고 땅을 치며 후회할 것이다.

하나님의 사랑을 거부할 이유는 전혀 없다. 누구라도 그 사랑이 무엇을 위한 것인지에 대해 읽었다면, 성경을 읽었다면, 그리스도께서 무엇을 말씀하셨는지를 이해했다면, 해 아래에서 이 무조건적인 사랑을 거부할 이유를 찾을 수 없을 것이다. 이 사랑에는 거짓이 없다.

이 사랑에 대한 선택의 문제는 나무로 만든 5센트짜리 동전과 금괴 중 어느 것을 택할 것이냐 하는 문제만큼이나 자명하다. 그런데 어째서 그토록 많은 이들이 금괴를 거부하고 나무로 만든 5센트짜리 동전을 택하는가? 내가 볼 때, 이는 우리가 하나님과 우리를 향한 그분의 사랑을 알지 못하도록 원수가 구름으로 가려버렸기 때문이다. 하나님은 그분의 사랑을 우리가 거부하는 것을 기뻐하지 않으신다. 나는 그분의 사랑을 받아들인다. 내가 그럴 만한 자격이 있어서가 아니라, 그 풍성한 사랑을 받을 수 있는 자격을 그분이 내게 주셨기 때문이다.

요한복음 3장 17절의 이어지는 부분은 "그로 말미암아 세상이 구원을 받게 하려 하심이라"라고 말한다.

어떤 이들은 "모든 길들은 결국 천국에 이르는 길이다"라고 말한다. 그러나 논리적으로 깊이 생각해보면 이것은 말이 되지 않는다. 모든 길들이 나를 시카고나 뉴욕으로 이끌지 않는 것과 마찬가지다. 천국에 이르는 확실한 길은 딱 하나인데, 바로 예수 그리스도이시다. 지금 여기에 있는 나를 천국까지 태워다주는 기차는 나를 향한 그리스도의 무조건적인 사랑이다. 일단 내가 이 기차에 올라타면 그 밖의 다른 어떤 것도 중요하지 않다. 내 마음의 기쁨은 내가 그분을 위해 행하는 것에서 나오지 않고, 그분이 이미 나를 위해 이루신 것, 그리고 날마다 내 안에서 나를 위해 행하시는 것들에서 나온다.

우리가 알아야 할 것은 온 세상이 구원받기를 하나님이 원하신다는 것이다. 그분은 사람이 반역과 죄 때문에 천국에 가지 못하는 것을 기뻐하지 않으신다. 그분은 모두가 구원받아 천국에 가기를 원하신다. 문제는 모든 사람이 천국 가기를 원하지는 않는다는 것이다.

천국에 가는 것에 대해 말하는 사람들이 많지만, 만일 천국이 어떤 곳인지를 안다면 그들은 매우 놀랄 것이며, 아마도 천국 가는 것에 흥미를 잃어버릴지도 모르겠다. 천국은 당신이나 나의 입맛에 맞는 곳이 아니라 그리스도의 뜻에 부합하는 곳이다. 내 삶이 그리스도에게 초점이 맞춰지고 그 초점이 계속 유지된다면, 나는 천국에 갈 준비를 하고 있는 것이다.

범죄조직의 일원이나 살인자 같은 사람들이 회개하지 않고 죽었을 때, 나는 종종 그들의 가족 중 어떤 이들이 그 죽은 자를 가리켜 "이제 그는 마땅히 있어야 할 천국에 있습니다"라고 말하는 것을 듣곤 한다. 나는 그렇게 말하는 사람에게 대놓고 반박하고 싶지는 않지만, 사실 그 죽은 이에 대한 진실을 말한다면 아주 슬픈 말이 될 것이다. 그에 대해 알게 되면 참으로 슬픔을 느끼지 않을 수 없을 것이다. 왜냐하면 그는 생전에 회개의 마음을 조금도 드러낸 적 없이 천국행 열차(그리스도의 무조건적인 사랑)를 놓쳤기 때문이다.

하나님 사랑의 조건

이 무조건적인 사랑은 협상의 대상이 아니다. 하나님은 창세전에 이 사랑을 마련해 놓으셨다. 이 사랑에 어떤 수정을 가할 만한 마음의 변화가 그분에게는 일어나지 않았다.

종교라는 것이 하는 일이 무엇인가? 내가 볼 때, 우리가 믿는 것이 주변 문화에 적응할 수 있도록 수정하기 위해 모이는 것이 종교 같다. 어떤 것이 진정으로 의미하는 바가 무엇인지에 대한 합의를 이끌어내려고 할 때, 사람들은 모여서 공개토론회를 연다. 그러나 그런 방법으로는 하나님의 사랑에 대한 합의를 이끌어낼 수 없다.

하나님의 사랑은 공개토론회를 통해서 알 수 있는 것이 아니다. 우리를 향한 하나님의 사랑을 바꾸어놓을 수 있는 것은 아무것도 없다. 나는 그분의 조건에 따라 그분께 나아가면 되는데, 그 조건은 주 예수 그리스도를 내 구주로 고백하는 것이다. 하나님의 사랑은 모든 사람을 공평하게 대한다.

그러나 우리는 공평한 것을 좋아하지 않는다. 우리가 사람을 볼 때는 인종이나 성(性) 같은 것들이 서로 다르다는 것이 눈에 들어온다. 그러나 사람들을 보시는 하나님의 눈에는 그분의 형상이 보인다. 어떤 사람이 그리스도인이 아니라면 그 형상은 손상되고 파괴되어 있을 것이다. 그분이 간절히 원하시는 것은 예수 그리스도의 사랑을 통해 그 형상을 회복하시는 것이다.

내가 볼 때, 오늘날의 모든 차별은 사람들이 하나님의 사랑을 받아들이지 못하도록 원수가 만들어놓은 것이다. 하나님의 사랑은 무조건적인 것이지만, 우리는 그분이 인간을 창조하셨을 때 인간에게 선택의 능력을 주셨다는 것을 알아야 한다. 그분은 우리가 그분의 사랑을 받아들이도록 강제하지 않으신다. 나는 천국에 가지만, 단순히 내가 죽기 때문에 가는 것이 아니다. 주 예수 그리스도를 받아들였기 때문에 천국에 가는 것이다. 그분의 사랑이 내 마음속으로 흘러들어와 그분을 향한 갈망과 흠모의 감정을 압도적으로 불어넣도록 내가 허락했기 때문에 천국에 가는 것이다.

선교사들이 외국에 나가면 처음에는 그곳의 언어를 배우는데 많은 시간을 투자하고 그 후에 복음을 전하기 시작한다. 그들이 전하는 것은 사도 바울이 그의 시대에 전했던 복음과 동일하고, 우리가 전하는 복음과 동일하다. 복음이 변하지 않는 이유는 하나님이 변하지 않으시기 때문이다. 그분이 우리에게 부어주신 무조건적인 사랑은 결코 변하지 않는다. 이 사랑을 경험한 나는 변하겠지만, 이 사랑 자체는 변하지 않는다. 이 사랑은 완전하고 순수하고 거룩한데, 이는 그분의 사랑에 어떤 부족함도 없다는 것을 의미한다. 우리가 가장 먼저 해야 할 것은 그리스도에게 내 마음을 드리는 것이다. 그분께 마음을 드리면 그분의 사랑의 열차에 올라타게 되고, 너무나 아름다운 그분의 사랑을 경험하게 된다. 그분께 마음을 드리는 것은 정말 중요하다.

내 삶 속에서 나타나는 하나님의 사랑은 이런저런 것들을 행할 수 있는 내 능력에 그 기반을 두지 않는다. 하지만 많은 이들이 이것을 모르는 것 같다. 그들은 자기들이 이런저런 것들을 행하기 때문에 하나님께 사랑을 받는다고 믿는다. 그러나 이것은 인간의 생각이지 하나님의 생각은 아니다.

하나님이 나를 사랑하시는 것은 나를 그분의 형상대로 지으셨기 때문이다. 그 이상도, 그 이하도 아니다. 나는 나를 향한 그분의 사랑 외에는 그 어떤 것도 전하지 않는다. 내가 해야 할 것은 오직 그리스도에게 복종하고 그분의 말씀에 무릎 꿇는 것이다. 그렇게 하면, 내게 필요한 하나님의 사랑의 자원들이 모두 내 삶 속에 주어진다. 나는 날마다, 발걸음마다 이 무조건적인 사랑을 경험하고 있다.

압도적인 그분의 임재를 경험하라

나는 그분이 나를 얼마나 사랑하시는지를 깨달을 때마다 정말 놀란다. 나는 때때로 하던 일을 멈추고 내 삶에 임한 그리스도의 놀라운 사랑을 깊이 생각한다. 그 사랑을 받을 자격이 내게 없다는 것을 나는 잘 안다. 하지만 내 자격이 줄어들수록, 그 사랑이 그만큼 더 많이 내 삶 속으로 흘러들어온다는 것도 안다. 나를 사랑하실 자격이 하나님께 있다. 그렇기 때문에 그분은 나를 창조하셨다. 나에 대해 말할 것 같으면, 그분의 눈에는 내가 가장 중요한 사람으로 보일 것이다.

물론, 그분의 눈에는 모든 사람 각자 각자가 가장 중요한 사람으로 보인다. 나에 대한 그분의 감정은 당신에 대한 그분의 감정과 똑같다. 그리고 다른 사람들에 대한 그분의 감정은 당신에 대한 그분의 감정과 똑같다. 다시 말하지만, 그분의 사랑이 내게 찾아올 때 그것은 한 개인으로서의 나에게 찾아온다. 그분의 사랑이 하나의 커다란 상자에 담겨 있기 때문에 우리가 단체로 한 자리에 모여 있다가 받아야 하는 것이 아니다. 각 사람은 그분의 사랑을 개별적으로 받아들인다.

종종 나는 오늘날의 기독교 안에서 아주 지배적인 경향이라고 생각되는 신앙 행태에 염증을 느낀다. 그런 신앙 행태는 우리에게 큰 도움이 안 되는 것 같다. 그것은 우리를 혼란스럽게 하며, 율법과 규정과 의식(儀式)을 자꾸 끌어들인다.

그러나 나는 때로 혼자 시간을 내어 오직 하나님 한 분만을 모시고 그분을 묵상하고 생각하며, 그분이 그분의 임재로 나를 압도하시도록 내 마음을 연다. 내 삶에서 그분의 임재를 경험하는 것보다 더 중요한 것이 없다고 나는 믿는다. 만일 내가 그분을 따르면, 나는 그분을 높이고 그분께 영광 돌리는 삶을 사는 데 필요한 모든 사랑을 얻게 될 것이다.

나는 그 누구에게도 인기를 얻으려고 애쓰지 않는다. 내 가족이나 친구들에게 인기를 얻고 싶은 유혹을 느끼지 않는다. 기독교계에서 높아지고 싶다는 유혹을 느끼지 않는다. 나는 하나님의 사랑이 무조건적으로 내 삶으로 흘러들어온다는 사실에 감동하고 황홀할 뿐이다.

04
chapter

그리스도의 *절대적 사랑*

위로부터 오시는 이는 만물 위에 계시고 땅에서 난 이는 땅에 속하여
땅에 속한 것을 말하느니라 하늘로부터 오시는 이는 만물 위에 계시나니

요 3:31

"오, 아버지 하나님! 당신의 이름에 영광을 돌리나이다. 제가 당신의 이름을 사랑하고, 당신을 따르게 도우소서. 사모하고 갈망하며 당신을 찬양하나이다. 제 영혼의 문을 활짝 열어 주 예수 그리스도를 영접하고 그분 안에서 안식하나이다. 그분이 저를 골짜기에서 건져내어 당신의 아름다운 임재 안으로 들어가게 하실 것을 믿나이다. 예수님의 이름으로 기도하나이다. 아멘."

오늘날에는 서로 모순되는 주장들이 제시되고 있다. 한편으로는 우리의 지식과 교육이 신약시대 그리스도인들의 지식과 교육보다 훨씬 더 우월하다는 주장이 들려온다. 하지만 동시에 우리는 이런 말도 듣게 된다.

"오늘날의 사람들에게는 더욱 가벼운 음식을 제공해야 한다. 왜냐하면 기독교 메시지를 매력적이고 쉬운 것으로 만들어서 지금 이 땅을 걸어 다니는 지적(知的) 거인들의 입을 즐겁게 해주어야 하기 때문이다."

현대 사람들은 무거운 음식을 먹지 않는다는 말이 들린다. 그러면서도 그와 상반되는 말, 즉 그들이 신약시대의 그리스도인들보다 더 교육받았고 더 많은 지식을 갖고 있다는 말도 들린다. 하지만 신약성경이 깊고 엄숙한 내용을 담고 있다 해도, 대개는 교육받지 못한 평범한 신자들을 위해 쓰였다는 것을 당신은 알고 있는가? 주님은 글을 읽고 쓸 줄 모르는 수많은 가난한 사람들에게 그분의 놀라운 메시지를 전하셨다.

신약시대의 그리스도인들에게 주어진 것은 성경에 대해 쓰인 것이 전부였다. 그들은 고통 없이 편하게 신앙의 길을 가는 방법을 알지 못했다. 그들이 생각하는 수고를 덜어주기 위해 '완성품 신앙'을 제공해주는 사람도 없었다. 그들에게는 간편하고 능률적인 메시지나 방법이 주어지지 않았지만, 그럼에도 불구하고 로마서처럼 무거운 책을 이해해야 할 책임이 그들에게 있었다. 그들은 요한일서를 읽고, 이해하고, 맛있게 먹어야 했다. 요한복음을 읽고, 이해하고, 사랑하고, 즐기고, 그에 따라 살아야 했다.

그러나 요즘은 "사람들에게 무거운 음식을 주어서는 안 됩니다"라고 말하는 자들이 많다. 그들의 수준까지 내려가서 메시지를 살살 녹게 만들고 소설 같은 이야기 형태로 제시해야 그들이 이해할 수 있다는 말이 들린다.

이에 대해 나는 이렇게 정리하고 싶다. 진지한 진리에 반기를 들면서 살살 녹는 종교를 요구하는 현대의 현상은 지적(知的) 부족에서 나오는 결과가 아니며, 그것은 영적 갈급함 없이 육신의 욕구를 따르기 때문에 생기는 현상이라고 말이다.

하나님의 사람들이 얼마나 더 오랫동안 절뚝거리며 걸어야 하는가? 그들은 점점 줄어들고 있는 과거 거인들의 영적 열매를 얼마나 더 오랫동안 따먹으며 연명하려고 하는가? 그들은 신앙적으로 눈부시게 성장하는 사람의 뒤를 따르지 않고 약해지는 신앙인의 뒤를 따르고 있기 때문에, 이제는 우리 같은 설교자들이 소설 작가 역할까지 해주어야 하는 지경에 이르렀다. 그들은 우리가 마치 소설 이야기를 해주듯이 설교해야 좋아한다.

땅에 속한 사람

요한복음 3장 31절에는 "땅에서 난 이는 땅에 속하여"라는 말씀이 나온다. 인류는 깊고 큰 골짜기 아래로 굴러 떨어졌기 때문에, 이제는 아무리 사방을 둘러보아도 높은 절벽들만 보일 뿐이다. 하늘을 뒤덮은 구름은 모든 것들 위에 죽음의 그림자를 드리우고 있다.

이것이 현재 우리가 처해 있는 인류 타락의 현실이다. 이 골짜기에서 빠져나가도록 도움을 주는 사다리는 아무에게도 없다. 그 누구도 절벽을 기어 올라갈 수 없고, 누구의 도움도 받을 수 없다. 왜냐하면 모두가 여기, 골짜기 아래에 있기 때문이다. 골짜기를 빠져나와 햇살이 비치는 곳으로 올라갈 수 있는 방법을 아는 이가 없다. 모두가 타락한 존재이기 때문이다.

우리가 있는 골짜기 아래에서 어떤 이들이 다른 사람들보다 키가 커서 눈에 띈다고 하자. 그렇게 키 큰 사람과 키 작은 사람이 별에 도달하려 한다고 가정해보자. 한 사람이 다른 사람보다 키가 조금 크다는 것 외에는 아무 이점이 없다. 한 사람이 키가 195센티미터이고 다른 이가 140센티미터라고 치자. 둘 다 높은 곳에 서서 별을 잡겠다고 손을 뻗어봤자 하늘은 내려다보며 웃을 뿐이다. 둘 다 별을 잡을 수 없는 것은 마찬가지이기 때문이다.

이 세상의 모든 것들은 수평면 위에 있다. 즉, 똑같은 수준에 있다. 인간은 모두 여기에 함께 있다. 땅에 속한 사람은 입을 열어 말할 때마다 땅의 사람처럼 말한다. 그는 땅에 속한 사람이다. 하나님을 아는 사람들은 그에게서 짙은 갈색의 땅 냄새를 맡는다. 만일 어떤 이가 다른 사람을 돕겠다고 일어나 그에게 접근한다 해도, 그것은 수평면에서의 접근일 뿐이다. 그에게 가서 도우려고 하지만, 자기의 한계 때문에 그를 도와 어려움에서 벗어나게 하는 것은 불가능하다.

우리는 주변에서 땅에 속한 사람들을 얼마든지 만나볼 수 있다. 신문에는 땅에 속한 마음으로 쓴 글들이 넘친다. 잡지들은 서로 경쟁하듯이 우리에게 오락거리를 제공하려고 애쓰는데, 이는 땅에 속한 자들이 땅에 속한 자들을 즐겁게 해주려는 것이다. 땅에 속한 자들이 땅에 속한 자들에게 땅에 속한 것들에 대해 말한다. 우리의 머리 위로는 어떤 빛도 보이지 않는다. 우리 발아래의 진흙은 우리가 타락한 존재임을 말해준다. 햇살과 은빛 구름은 우리의 것이 아니다. 우리는 골짜기 아래에서 살아야 할 운명이다. 우리가 빠져 있는 수렁은 죄의 수렁이다.

인간의 것은 인간의 것일 뿐

인간의 이성(理性)은 우리를 구할 수 없다. 그 이유는 간단하다. 그것이 타락한 이성이기 때문이다. 타락한 것은 그 타락한 상태로부터 자신을 끌어올릴 수 없다. 인간의 마음과 몸이 타락한 것처럼 인간의 이성도 타락했다. 타락한 상태에 빠진 인간의 이성이 역시 타락한 상태에 있는 다른 사람에게 다가가 고상한 이상(理想)들로 즐겁게 해주지만, 그럼에도 불구하고 그를 진흙수렁에서 건져 올릴 수는 없다. 구름의 그림자가 드리운 골짜기 아래에서 저 높은 하늘로 날아오르게 해줄 수는 없다. 그늘진 어둠 밖으로 끌어낼 수 없다.

어떤 사람이 자리에 앉아 철학자처럼 깊은 사색으로 세월을 보내다가 결국 백발이 되어 그 자리에서 일어나 몸을 부들부들 떤다 해도, 그는 여전히 그 자리에 있을 뿐이다. 골짜기에서 벗어나지 못하고 여전히 깎아지른 듯한 절벽 앞에 서 있을 뿐이다.

그러나 위로부터 오시는 이는 인간의 이성을 초월하신다. 그분은 이성에게 배우신 적도 없고, 이성을 통해 무엇을 알아내신 적도 없다. 이성에게 신세지지 않으시고, 이성을 이용하지 않으시고, 이성을 필요로 하지도 않으신다. 위로부터 오시는 이는 유일무이한 분이시다.

위로부터 오시는 이는 '성육신한 이성'이시다. 옛 신학자들은 하나님의 속성 중 하나가 '이성'이라고 말했다. 당신과 내게 있는 이성의 작은 조각은 타락한 것이며, 마치 깨어진 꽃병처럼 산산조각 난 것이다. 당신과 내가 주워 모아 흙을 털어내고 닦아서 학교로 보낸 조각은 하나님께서 우리에게 주신 이성의 깨어진 한 조각일 뿐이다. 모든 이성의 샘과 근원은 하나님이시다.

사람이 자기의 이성에 대해 이런저런 말들을 늘어놓을 수 있을 것이다. 하지만 그렇다고 해서 그 이성의 도움으로 골짜기에서 빠져나갈 수 있는 것은 아니다. 우리의 이성의 힘으로 깎아지른 듯한 절벽을 기어 올라갈 수 있는 것도 아니고, 수렁에서 빠져나갈 수 있는 것도 아니다. 왜냐하면 이성은 타락하여 오류에서 자유로울 수 없기 때문이다. 그렇기 때문에 그리스도께서 위로부터 내려오신 것이다. 그분은 '성육신한 이성'이시다.

위로부터 오시는 이는 인간의 과학 위에 계시다. 인간의 과학이라는 것은 이성을 자연의 법칙과 물질에 적용한 것에 지나지 않는다. 오늘날 우리는 전대미문(前代未聞)의 파괴력을 가진 수소폭탄 같은 것 때문에 큰 공포 가운데 살아간다. 과학이 인간의 삶을 어디까지 바꾸어놓을지 나도 모르겠다.

내 머리에 또 떠오르는 것은 인간의 문명이다. 문명은 무엇인가? 교육과 과학과 예술을 응용하여 골짜기 안에서 사람들을 세련되게 만들어주고 편안하게 해주는 것이 문명이다. 그러나 그 이상도, 그 이하도 아니다.

우리에게는 또 종교가 있다. 위로부터 오신 분의 종교를 제외한 인간의 다른 모든 종교는 우리가 살고 있는 골짜기의 피 묻은 진흙으로 빚은 벽돌로 만들어놓은 것에 불과하다. 우리는 뛰어난 재주를 발휘해 세련된 것들을 만들어놓았기 때문에 이제 그냥 시간을 보내지는 않는다. 우리에게는 종교라고 불리는 황금 바구니가 있다. 사람들은 기꺼이 이 황금 바구니 속으로 들어가서 그걸 부여잡고 온 힘을 다해 당기지만 골짜기의 피 묻은 진흙에서 단 1센티미터도 위로 올라갈 수 없다. 종교는 우리에게 아무 도움도 못 준다.

종교는 수평적인 것이다. 그것은 어떤 사람들이 인간의 관점에서 우리에게 가르치는 것에 불과하다. 위대한 것, 고상한 것, 그리고 의지할 만한 것이 종교에는 없다. 그저 수평적 차원에서 왔다 갔다 할 뿐이다.

만일 원한다면 우리는 세계의 종교들을 얼마든지 연구할 수 있다. 하지만 거기서 얻을 수 있는 것은 우리처럼 타락한, 기껏해야 우리보다 조금 더 키 큰 사람이 주는 조그마한 도움뿐이다.

위로부터 오신 분

예수 그리스도는 위로부터 오신 분이다. 모든 이성과 모든 과학과 모든 문명을 초월하는 곳에서 오신 분이다. 왜 그분이 "아버지께서 아들을 사랑하사 만물을 다 그의 손에 주셨으니"(요 3:35)라고 말씀하셨는지를 우리는 안다. 왜 그분이 하나님의 아들의 증거가 최종적인 것이라고 말씀하셨는지 안다. 왜 그분이 "아들이 있는 자에게는 생명이 있고"(요일 5:12)라고 말씀하셨는지 안다. 그 아들은 위로부터 도움을 갖고 오신 분이다.

그분은 '속량 받은 자들이 거하게 될 많은 거처'(요 14:2,3)와 '온전하게 된 의인의 영들'(히 12:23)에 관한 하나님의 메시지를 갖고 오셨고, 영생에 대해 말씀하셨다. 그분은 이 땅에 내려오셨고, 그분을 영접한 자, 즉 그분을 믿은 자에게는 영생이 있다. 우리는 그분께 순종하지 않는 사람 위에 왜 죽음이 머물러 있는지, 왜 그가 골짜기에서 벗어날 수 없는지 안다. 하나님의 진노가 그런 사람 위에 머물러 있는 이유는 위로부터 오신 분을 멸시했기 때문이다.

이런 말이 구닥다리 얘기로 들릴 것이고, 어떤 이들은 나를 가리켜 '뿌리부터 바꾸어놓으려는 사람'(radical)이라고 부르고 싶을 것이다. 그러나 큰 깨달음을 얻은 나로서는 확신을 가지고 당신에게 "예수 그리스도 한 분이시면 당신에게 충분하다"라고 말할 수 있다.

종교라는 것이 여기 진흙 속에서 사는 삶에 대해 우리에게 약간의 위로와 격려를 주는 것 외에 다른 무엇을 줄 수 있는가? 진정한 도움은 오직 한 분으로부터 온다. 그분 외에 우리의 슬픔을 이해하는 분은 없다.

마음의 평안, 영혼의 평안, 이런 평안, 저런 평안에 대한 책들이 세상에 넘치지만, 결국 그것들은 진흙 조각이요 인간의 노력의 발자국일 뿐이다. 거기에는 하나님, 영생, 그리고 위로부터 오신 분이 없다.

하나님은 당신이 지금 있는 곳에서 당신을 구원하고 당신에게 복을 주실 수 있다. 당신을 일으키시고, 당신으로 하여금 아버지에게서 나오는 저 영생의 정수(精髓)를 미리 맛보게 하실 수 있다.

그리스도인으로서 우리가 이곳저곳을 다니며 그리스도를 위한 변명을 늘어놓을 필요는 없다. 그분의 진리를 변호하기 위해 마음고생을 할 필요가 없다. 왜냐하면 학교에서 가르치는 것과 그분의 진리를 조화시키는 일은 불가능하기 때문이다. 우리가 학교에서 배우는 모든 것들은 타락한 머리에서 나온 것을 타락한 머리에게 전달한 것에 불과하기에, 그중 일부는 맞고 일부는 틀리다. 일부는 완전히 뒤죽박죽되어 있다. 타락한 사람이 그와 똑같이 진흙바닥에서 살고 있는 다른 사람에게 가르친 것이기 때문이다.

그리스도 안에서 우리에게 주어진 것은 인간의 저급한 생각들보다 무한히 우월하다. "나는 원자탄을 피하기 위해 그리스도를 영접합니다", "나는 내 사업의 번창을 원하기 때문에 그리스도를 영접합니다", "내가 그리스도를 영접하는 것은 잘 먹고 잘 살기 위함입니다"라고 말하는 것은 저급하다.

우리는 그리스도를 영접했고, 성령이 우리 안에 계시다는 것을 안다. 우리는 거듭나서 새 세상 안으로 들어왔다. 우리의 도움은 위로부터 온다.

05
chapter

그리스도의 전염성 사랑

예수께서 대답하여 이르시되 네가 만일 하나님의 선물과

또 네게 물 좀 달라 하는 이가 누구인 줄 알았더라면

네가 그에게 구하였을 것이요 그가 생수를 네게 주었으리라

요 4:10

"인자하신 하늘의 아버지! 당신의 사랑을 다 이해할 수는 없지만 그 사랑을 거부하지는 않나이다. 제 삶 속까지 찾아온 사랑에 대해 감사하나이다. 예수님의 이름으로 기도하나이다. 아멘."

예수님이 우물가에서 여인을 만나신 사건은 그분의 생애와 사역에서 가장 매력적인 사건이었다. 그러나 사실은 그분이 그녀와 상종하지 않는 것이 정상적이었다. 당시 유대인이 사마리아인을 만나는 것, 특히 사마리아 여자를 만나는 것은 종교법에 아주 어긋나는 일이었기 때문이다.

왜 예수님이 이런 만남이 이루어지도록 준비하셨는지를 이해하는 것은 어렵지 않다. 우리의 눈에는 이 만남이 그리스도의 전염성 사랑을 보여주는 한 가지 예로 보인다. 그 밖의 다른 이유로는 우물가에서 일어난 일이 설명되지 않는다.

사랑에 접촉하다

그 당시 사마리아의 종교는 유대의 종교처럼 꽤 복잡했다. 사마리아인들은 이교적 행위들을 그들의 종교에 섞어버렸다. 이것은 오늘날 미국 교회에서 일어나고 있는 현상과 매우 흡사하다.

예수님이 보시기에 이 사마리아 여인은 사마리아 사람들에게 접근하기 좋은 접촉점이었다. 만일 그녀가 없었다면 그 지역의 사람들에게 접근하기가 어려웠을 것이다.

예수님과 사마리아 여인의 만남에 관한 이 기사를 읽는 사람은 그분이 그녀의 사생활에 대해 언급하자 그녀가 "어디에서 예배하는 것이 옳습니까?"라는 질문을 던지며 종교 문제로 화제를 돌렸다는 것을 알게 된다. 그녀의 질문에는 "어느 쪽이 옳습니까? 유대인입니까 아니면 사마리아인입니까?"라는 뜻이 담겨 있다.

우리 사역의 진보가 방해 받는 경우 중 하나는 별로 중요하지 않은 질문들 때문에 우리의 시간을 뺏기는 경우이다. 질문은 누구나 할 수 있는 것이지만, 특히 영적인 문제에서 코너에 몰린 사람들이 질문을 잘 하는 경향이 있다.

우물가의 이 여인은 메시아를 믿었고, 예수님에게 "메시아 … 그가 오시면 모든 것을 우리에게 알려주시리이다"(요 4:25)라고 말했다. 당시 사람들은 메시아를 찾고 있었다.

여기서 한 가지 묘한 것이 눈에 띈다. 메시아를 예언한 율법을 그토록 많이 알고 있던 당시의 종교 지도자들은 막상 그분이 나타났을 때 그분을 알아보지 못했다. 이것은 그들이 율법을 얼마나 중요하게 여겼는지를 말해준다.

예수님은 그녀에게 "네게 말하는 내가 그라"(요 4:26)라고 말씀하셨다. "아무도 모르는 것들을 알고 있는 것을 보니 이 남자가 뭔가 있는 사람이구나"라는 생각이 그녀에게 떠오르기 시작했는지 아닌지는 잘 모르겠지만, 만일 그랬다면 그녀는 예수님의 이 말씀을 어떻게 생각했을까? 글쎄, 잘 알 수는 없지만, 아무튼 그분은 그 즉시 그녀의 호기심을 자극할 만한 것들을 몇 가지 말씀하셨고, 그녀로 하여금 그분의 사랑의 전염성을 느끼게 하셨다. 이것은 설명을 통해서는 이해할 수 없는 것이었고, 오직 그분과 마주 대할 때 경험할 수 있는 것이었다.

사랑에 반응하다

그녀는 난생 처음 만나는 이 남자, 즉 그녀에 대해 그 누구보다도 더 많이 알고 있는 이 남자의 마음속에 있는 뜨거움을 느꼈다. 그녀는 그분이 말씀하신 것을 부정하지 않았다. 그 말씀이 사실이라는 것을 알았기 때문이다.

이 우물가의 여인에게는 열정적인 마음이 있었다. 예수님의 지적에서도 드러나듯이, 그녀는 그때까지 살아오는 동안 잘못된 선택을 여러 번 했다. 그런데 그분은 그녀의 평생의 선택들에 대해 그녀를 정죄하지 않으셨고, 오히려 더 좋은 선택을 제시하셨다.

예수 그리스도를 만나기 전에 있었던 그녀의 선택들은 육신의 욕망에 따른 것들이었다. 그러나 이제는 그녀의 마음속에서 뭔가 다른 것이 꿈틀거리기 시작했다. 육신의 욕망은 사라지고, 그 대신 그녀조차 잘 알 수 없는 그 무엇이 그녀의 마음 깊은 곳에서 싹트기 시작했다.

자신에게 일어나는 모든 것을 설명할 수 있는 사람들은 삶 속에서 하나님의 신비로운 일하심을 경험할 수 없다. 그분의 신비로운 일하심의 원천은 그리스도의 전염성 넘치는 사랑이다. 이 사랑에 자극받아 우리의 마음속에서도 무엇인가가 강력하게 솟아오르게 하자. 우물가 여인의 마음속에서 그러했듯이 말이다!

이 여인은 즉시 물동이를 그대로 둔 채 성으로 달려가 사람들에게 "내가 행한 모든 일을 내게 말한 사람을 와서 보라 이는 그리스도가 아니냐"(요 4:29)라고 말했다. 사마리아 여인은 하나님과 관계를 맺는 방법을 모르고 살아왔지만, 바로 이 그리스도의 전염성 사랑이 그녀에게 하나님을 향한 갈망을 불어넣었다. 그녀의 마음속에 생긴 그 무엇이 예수님에게 반응했고, 그분이 메시아이심을 확신시켜주었다. 그녀는 성으로 들어가 그곳의 사람들을 모두 예수께 데려왔다.

사랑에 전염되다

만일 내가 그 당시에 살았다면 성에서 나와 그분을 향해 가는 사람들의 행렬을 보려고 달려갔을 것이다. 그들이 왜 그녀를 따라갔는가? 그녀에게서 무엇을 보았기에 그녀를 따라가겠다는 마음이 생겼을까?

그들은 그녀 안에 있는 그 무엇, 즉 어떤 뜨거움을 느꼈고, 그에 자극을 받은 그들은 도대체 그것이 어디에서 왔는지 알아봐야겠다고 마음먹었다. 전에는 그녀에게서 그런 것을 보지 못했기 때문이다. 그들은 자신들에게 무슨 변화가 일어나고 있는지 분명히 알지는 못했지만, 그래도 그들의 마음속에서 그리스도의 전염성 사랑이 그들의 육신의 열정을 밀어내고 그 자리를 대신 차지했다.

예수님은 사마리아 사람들과 이틀을 함께 지내셨고, 그들 중 많은 이들이 그분을 메시아로 믿게 되었다. 믿음을 가졌을 때 그들이 그녀에게 한 말은 매우 의미심장하다. 그들은 그녀에게 "이제 우리가 믿는 것은 네 말로 인함이 아니니 이는 우리가 친히 듣고 그가 참으로 세상의 구주신 줄 앎이라"(요 4:42)라고 말했다.

정말 청량음료처럼 상쾌한 말이다! 그들을 향한 자신의 사랑이 그분을 향한 그들의 사랑으로 발전한 것을 보셨을 때 예수님이 얼마나 마음에 힘을 얻으셨겠는가! 바로 이런 것이 전염성 사랑이다!

만일 내가 그때 살았다면, 기꺼이 그 여인 옆에 앉아 우물가에서 만난 그분에 대한 그녀의 이야기를 들었을 것이다. 우리는 그녀가 그분을 처음 만났을 때 어떤 상태에 있었는지를 알지 못하기에 다만 추측해볼 뿐이다. 아마도 실패로 돌아간 그녀의 모든 결혼생활들이 틀림없이 그녀에게 영향을 끼쳤을 것이다.

예수님이 그녀를 만나시기 전에도 이미 그녀의 형편을 알고 계셨다는 것을 명심하라. 그분은 그녀의 삶이 어떤 삶인지를 다 알고 계셨다. 그녀에 관한 이 이야기를 읽을 때 우리가 알아야 할 것은 하나님께서 현재 우리의 삶 속에서 행하고 계신 일들이 우리의 과거와 아무 상관없다는 것이다. 예수님은 과거를 문제 삼지 않는 이런 태도로 사마리아 여인에게 접근하셨다.

그분이 그녀의 과거에 대한 언급으로 대화를 풀어나가기 시작하신 이유는 그분이 그녀의 상태를 알고 계시다는 것을 그녀로 하여금 깨닫게 하시기 위함이었다. 그러나 그분에게 중요한 것은 그녀의 과거가 아니었다. 그분은 바로 '그날의 그녀'를 사랑하셨다.

이제 이해하겠는가? 우리는 형제자매들을 너무 판단한다. 어찌된 영문인지, 우리는 거듭난다는 것이 무엇인지를 잊어버렸다. 그리스도를 삶 속에 모시면 과거가 현재와 아무 상관없다는 것을 잊어버렸다. 심지어 설교단에 선 설교자들조차 사람들의 과거를 자꾸 비판한다. 사람들로 하여금 과거를 바꿀 수 있다고 믿도록 만들기 위해 그렇게 하는 것 같은데, 과거는 바꿀 수 없다. 그렇기 때문에 '지나간 것'이라고 불리지 않는가! 그리스도의 사랑의 전염성은 우리의 과거 행위를 문제 삼지 않고 미래를 향해 새 문을 열어준다!

그런데 이와 상반되는 경우가 있다는 것을 지적하지 않을 수 없다. 육신적인 악한(惡漢)들이 우리 주님의 허락 없이 교회 안으로 몰래 들어오는 것을 나는 보았다. 어쩌면 그들은 부유한 자들일 수도 있고, 세상에서 잘 나가는 가수일 수도 있다. 아무튼 유감스럽게도 교회는 그들이 어떤 자들인지를 문제 삼지 않고, 그들이 교회 안으로 마음대로 들어오도록 허락했다.

우리는 한편으로 하나님께서 두 팔을 벌려 받아들이시는

것을 비난하고, 다른 한편으로는 그분이 미워하시는 것을 허용하느라고 바쁘다.

동네로 돌아간 사마리아 여인은 그녀가 아는 유일한 사람들, 즉 그녀의 말을 들을 것 같은 사람들에게 증언했다. 주님은 그것을 아셨다. 그분에게는 계시의 밝음이 있었고, 그분은 그녀가 온전히 진실하다는 것을 아셨다. 온전히 진실한 사람은 흔하지 않다.

종교적 감정이 필요한 시대

성경은 이 사마리아 여인의 이름을 밝히지 않는다. 그녀의 과거가 끔찍했고 그녀가 여러 면에서 선한 여자는 아니었지만, 그래도 예수님에게 반응했고 결국 그녀의 삶은 변했다. 나는 예수님이 그녀를 그분 쪽으로 오도록 유도하기 위한 프로그램을 만들지 않으신 것이 아주 감사하다. 유감스럽게도, 우리는 그런 프로그램을 사용한다. 우리는 사람들을 낚아서 교회에 오게 하면서 주님의 일을 하고 있다고 착각한다. 그러나 인간적인 관점에서 볼 때, 그분과 이 여인의 만남이 효율적인 프로그램은 아니었다.

오늘날 많은 교회들이 프로그램에 의존한다는 것을 생각하면 나는 기운이 빠진다. 교회들이 프로그램에 의존하는 것 때문에 얼마나 많은 이들이 그리스도에게서 멀어졌는가!

사마리아 여인에게는 감정들이 있었다. 나는 우리가 '감정'이라는 말에 대해 약간 미심쩍어하는 태도를 취한다는 것을 잘 안다. 어떤 남자가 아주 변덕스럽거나, 자제력을 잃거나, 아무것도 아닌 일에 울거나 웃거나 우울해하면 그를 가리켜 '감정적인 사람'이라고 부른다.

그렇지 않다! 그런 것들은 어떤 특정 상태에 빠져 있는 것이지, 감정적인 것이 아니다. 그런 남자가 있다면, 그에게는 휴식과 기도가 필요할 뿐이다.

내가 이런 말을 하면 공격을 당할지 모르겠지만, 그래도 나는 말해야겠다. 우리는 '종교적 감정'이라는 표현을 부활시켜야 한다. 그리고 오직 본문 해석과 신학에만 매달리며 감정이라는 말을 두려워하는 현대의 차갑고 목석같고 꽁꽁 얼어붙은 그리스도인들에게 '종교적 감정'을 보여주어야 한다. 우리는 '종교적 감정'이 지금 사람들의 입에 자주 오르내리는, 소위 '영적 감정'이라는 것들과는 다르다는 것을 보여주어야 한다.

사마리아 여인은 강렬한 접촉을 경험했다. 즉, 그녀의 마음이 예수님의 마음과 접촉하는 강렬한 순간이 있었다. 그 접촉의 결과는 그녀에게 평생 잊지 못할 경험, 그리고 물론 우리 주님도 결코 잊지 못하실 경험이었다. 하나님이 그녀를 만져주셨고, 그녀의 삶은 영원히 변했다.

이제는 내가 알게 되었나이다

많은 종교적인 일들이 호기심에서 일어난다고 나는 믿는다. 그러나 사마리아 동네 사람들의 마음을 움직인 것은 그녀의 말이었다. 구주와 대화한 후부터 그녀는 전염성을 갖게 되었다. 그분과 대화할 때 그녀의 마음 깊은 곳에서 동요가 있었고, 이 동요는 동네 사람들에게 달려간 그녀의 행동에서 분명히 드러났다. 그리스도의 사랑에는 전염성이 있었고, 그들에게 즉시 전염되었다.

동네 사람들이 그녀의 말을 듣고 예수님을 찾아간 행동에는 일종의 종교적 모험심이 작용한 것이 사실이지만, 그것은 부수적인 동기에 지나지 않는다. 그들이 일어나 그분께 서둘러가도록 만든 주요 동기는 그녀의 말을 듣고 마음속 깊은 곳에서 일어난 동요였다.

사마리아 여인에게 생겼던 '종교적 감정'이 오늘날의 교회에게 정말 필요하지만, 우리는 차갑게 머리를 굴린다. "우리가 옳은 것을 행하고 옳은 것을 말하면 사람들이 자동적으로 그리스도인이 될 것이다"라고 말하면서, '모범적 전도방법'을 만들어내는 데에만 몰두한다. 그러나 그런 '모범적 전도방법'으로는 안 된다. 그리스도의 사랑에서 볼 수 있는 전염성이 있어야 된다!

우리의 간증은 그 누구도 회심으로 이끌 수 없다. 우리의 간증은 사람들이 하나님을 향해 가도록 자극할 수 있을 뿐이다. 간증은 그리스도인의 아름다운 증거이지만, 그리스도인의 증거가 사람을 구원한 적은 없었다. 또 할 수도 없다. 그리스도인의 증거는 주님이 그에게 베푸신 것을 정직하게 고백하는 것이지만, 그것이 할 수 있는 일은 사람들이 가서 그와 같이 행하도록 자극하는 것뿐이다.

우리가 기꺼이 인정해야 할 것이 있는데, 그것은 하나님께서 작은 죄를 사하는 것보다 큰 죄를 사하는 것을 더 좋아하신다는 사실이다. 사함 받은 죄가 클수록 그분께 더 큰 영광이 돌아가기 때문이다. 그분은 죄를 사하실 뿐만 아니라 그렇게 하기를 즐기신다. 주님은 우리의 죄를 용서하시면 과거를 잊으시고, 마치 우리가 죄를 범하지 않은 것처럼 우리를 믿어주신다. 그분은 큰 죄를 작은 죄만큼 빨리 용서해주실 뿐만 아니라 그것을 다시 문제 삼지 않으신다.

그리스도는 모든 이들을 위해 죽으셨다. 그분께 나아가는 사람은 누구라도 마음이 열릴 것이다. 이 우물가의 여인의 경우를 말할 것 같으면, 그녀의 영혼의 어느 부분에 창문이 생겼고, 결국 그 창문을 통해 하나님의 빛이 쏟아져 들어왔다고 말할 수 있다. 하나님은 그분의 일을 시작하기 위해 어떤 증인이라도 사용하시겠지만, 증인이 예수님을 대신할 수는 없다.

죄인 안에 새 생명이 태어나야 한다. 그런데 죄인이 그리스도를 만나 그분을 통해 자신의 의지를 꺾고 먼지 구덩이에서 나오기 전에는 새 생명이 태어날 수 없다. 새 생명을 얻은 죄인은 그분과의 만남을 언제나 기억할 것이다.

이런 만남, 즉 영혼과 하나님의 만남에는 새로운 새벽의 신선함과 밝음이 뒤따른다. 그런데 이런 신선함과 밝음이 현재 기독교의 예배들에서 발견되지 않는 것은 우리가 하나님을 직접 경험하지 못했기 때문이다. 우리는 교육 프로그램에 따라 신앙을 배웠을 뿐이다. 다른 이들이 말하는 것을 그냥 받아들였을 뿐이다. 우리는 그분을 만나서 "이제는 제가 직접 알게 되었나이다"라고 고백할 수 있을 때까지 매달려야 하는데, 유감스럽게도 그렇게 하지 않는다.

천국을 향한 우리의 소망이 인간의 말에 뿌리를 두는 것은 하나님이 의도하신 것이 아니다. 그분의 뜻은 그 능력이 하나님의 아들 그리스도를 아는 지식과 그분의 임재로부터 우리의 삶 속으로 흘러들어오는 것이다.

06 chapter

죄를 깨닫게 하시는 그리스도의 사랑

거기 서른여덟 해 된 병자가 있더라

예수께서 그 누운 것을 보시고 병이 벌써 오래된 줄 아시고

이르시되 네가 낫고자 하느냐

요 5:5,6

"하늘의 아버지! 당신의 독생자 주 예수 그리스도의 이름으로 당신을 찬양하오니, 이는 제 영혼이 죄를 깨닫고 회심에 이르도록 놀라운 은혜를 주셨기 때문이니이다. 제가 날마다 당신을 찾아 발견하게 하소서. 예수님의 이름으로 기도하나이다. 아멘."

베데스다 하는 못에는 병이 낫기를 바라는 많은 사람이 모여 있었다. 그들 모두는 못의 물이 움직이기를 기다리고 있었는데, 그들 중에는 거의 40년 가까이 병을 앓아온 사람도 있었다. 그를 보신 예수님은 그의 병력(病歷)을 알아보시고 그에게 "네가 낫고자 하느냐"(요 5:6)라고 물으셨다. 그분의 질문을 듣고 그 병자는 "주여 물이 움직일 때에 나를 못에 넣어 주는 사람이 없어 내가 가는 동안에 다른 사람이 먼저 내려가나이다"(요 5:7)라고 대답했다. 예수님은 그에게 "일어나 네 자리를 들고 걸어가라"(요 5:8)라고 말씀하셨다. 9절은 "그 사람이 곧 나아서 자리를 들고 걸어가니라"라고 말한다.

우리 주 예수님이 그에게 하신 말씀, 즉 "일어나 네 자리를 들고 걸어가라"라는 말씀은 명령으로 이해되어야 한다. 그런데 세상의 관점에서 보자면, 이 명령은 애당초 실행 불가능한 명령이었다. 사실, 그분은 불가능한 것을 명령하셨을 뿐만 아니라 상상조차 할 수 없는 것을 명하셨다. 왜냐하면 이 사람은 자리를 들어 올리는 것은 고사하고 일어설 수조차 없는 사람이었기 때문이다.

38년 동안 병을 앓아온 이 사람은 틀림없이 몸의 근육이 위축되어 있었을 것이고, 마치 죽은 사람처럼 근육이 굳어져 있었을 것이다. 그토록 오랜 세월 동안 그런 상태에 있다가 갑자기 일어난다는 것은 상상도 할 수 없는 일이었다. 그 병자 자신을 포함해서 연못가에 있던 그 누구도 그런 일을 꿈꾸지 못했을 것이다.

사람이 하는 말의 한계

지금 우리는 말의 힘을 허황되게 과장하는 시대에 살고 있다. 그러나 베데스다 연못가의 이 병자가 자신의 말의 힘을 사용해서 질병을 극복하는 것은 애당초 불가능했다. 오늘날 많은 이들이 이런 방법을 시도해보라고 권한다. 즉, "어떤 것에 대해 강력한 긍정의 말을 하면 그것이 이루어집니다"라고 말한다. 그러나 연못가의 병자는 긍정적인 말로 자신의 병을 고칠 수 없었을 뿐만 아니라, 주변의 누구도 그런 방법으로 그를 고칠 수 없었다.

최근에 새로운 종교가 하나 일어났다. 나는 이것을 '신참 종교'라고 부른다. 이것은 무의식 이론에 근거한 것으로, 그중에는 지그문트 프로이트(Sigmund Freud, 1856-1939. 정신분석학의 창시자)의 이상한 이론들이 많다. 그의 학설에 의하면, 인간의 질병은 어릴 적에 생긴 병적 기억과 두려움에 기인하는데,

말을 함으로써 치료될 수 있다고 한다. 그 주장의 취지는 이렇다.

"환자가 말하기를 시작하면 마치 우물 속에서 물이 솟아나기 시작하는 것처럼 환자의 마음속 어딘가에서 독한 즙이 흘러나오기 시작한다. 그의 병의 원인이 되는 이 독한 즙이 점점 더 많이 나와서 결국 일정 단계에 이르면 넘쳐흐르게 되고, 병은 치료된다."

불행하게도, 이런 사고가 교회 안으로 스며들어왔기 때문에 이제 목회자들은 이렇게 배운다.

"교인들로 하여금 말을 하게 하면 그들이 말을 통해서 스스로의 연약함에서, 자신의 어리석음에서, 그리고 그 어떤 잘못된 것에서도 벗어날 것이다."

나는 마음의 짐에서 벗어나기 위해 자신의 속마음을 다른 사람에게 고백하는 일이 아무 도움을 주지 못한다고 말하는 것이 아니다. 성경은 우리의 잘못을 서로에게 고백하라고 가르친다. 우리가 우울한 기분 때문에 힘들어하는 사람에게 가서 용기를 불어넣어 주고 희망을 보여주면, 그 사람이 어려움에서 벗어나는 데 도움이 된다.

그런 의미에서 '말하기'는 어느 정도 도움이 된다. 가슴을

쫙 펴고 "나는 할 수 있다"라고 말한다고 해서 잘못될 것은 없다. 이런 것은 마음을 고무시켜주는 좋은 것이다. 하지만 지금 우리의 시대에서처럼 '말하기'가 종교가 되면, 사람들을 사망과 지옥으로 이끌어가는 망상이 될 뿐이다. 말로써 약한 사람을 강하게 해줄 수 없고, 죄인을 깨끗케 할 수 없기 때문이다. 더러워진 사람을 말로 정결케 할 수 없고, 죽은 자를 말로 살릴 수 없다. 현대의 '종교화된 말하기'의 모든 이론들이 사용되었다 해도, 베데스다 연못의 병자를 일으키지 못했을 것이다.

그러므로 나는 그리스도의 이름을 사용하면서 설교자라고 자처하는 종교인들에 대해 좋은 말을 해줄 수 없다. 그들이 무의식 이론, 지그문트 프로이트의 이론, 그리고 강박관념 이론 같은 것들을 끌어들이기 때문이다. 그들은 하나님의 선지자가 아니다. 이세벨을 위해 일했던 400명의 바알 선지자가 하나님의 선지자가 아니었던 것처럼 말이다.

예수님의 말씀 안에 능력이 있다

예수님이 마비된 사람에게 불가능한 일, 상상조차 할 수 없는 일(일어나 네 자리를 들고 걸어가라)을 말씀하실 수 있었던 것은 그분의 말씀 안에 능력이 있었기 때문이다. 그 병자의 말에는 능력이 없었다. 스스로 어떻게 할 수 없는 상태에서 그와 함께 주변에 누워 있던 다른 사람들의 말에도 능력이 없었다. 심지어 옆을 지나가면서 마지못해 동전 한 닢 던져주는 사람들의 말에도 능력이 없었다. 연못가의 그 어떤 곳에서도 능력은 발견되지 않았다. 능력은 오직 예수님의 말에 있었다!

이 사건이 일어난 후 조금 있다가 예수님은 "살리는 것은 영이니 육은 무익하니라 내가 너희에게 이른 말은 영이요 생명이라"(요 6:63)라고 말씀하셨다. 하나님의 무소불위의 말씀은 살아 있는 말씀이며 창조하는 말씀이다. 그분이 말씀으로 온 피조세계를 지으셨던 태초를 생각해보라. 그분의 말씀에는 원자탄 1,000만 곱하기 1,000만 개보다 강한 능력이 있다.

그런데 여기서 우리가 주목해야 할 것은 그 병자가 예수님의 말씀에 반응을 보여야 했다는 것이다. 이 점은 매우 중요하다. 그 병자는 말씀을 들은 즉시 자리를 들고 걸어갔다. 순종할 수 있는 '능력'이 순종하겠다는 '결심'과 동시에 주어졌다.

이런 얘기가 당신에게 재미없게 들릴 수도 있지만, 내 말의 의미를 잘 깨달으면 신앙에 큰 도움이 될 것이다. 다시 말하지만, 불가능한 것을 행할 수 있는 '능력'이 하나님께 순종하여 불가능한 것을 행하겠다는 '결심'과 동시에 주어졌다. 예수님은 "일어나 네 자리를 들고 걸어가라"라고 말씀하셨다. 그 말씀 속에는 불가능한 것을 가능하게 하는 능력, 즉 자연세계에서 일어날 수 없는 것을 일어나게 하는 능력이 있었다.

인간의 영혼과 하나님이 만날 때 '어두운 지대(地帶)' 같은 것이 생긴다. 그 지대에서는 우리가 행동할 수도 있고 그렇지 않을 수도 있으며, 그 행동을 우리 마음대로 할 수 있는 것도 아니다. 그 지대에서는 주권적 하나님이 생명을 주는 그분의 창조적 말씀을 갖고 개입하신다. 즉, 인간의 영혼이 이해할 수 없는 비밀스럽고 신비로운 행동을 시작하신다.

'구원받지 못한 상태'에서 '구원받은 상태'로 넘어갈 때 묘한 '중간적 상태'가 아주 잠깐 존재할 수 있다. 그것은 어떤 순간인가? 그것은 "일어나 네 자리를 들고 걸어가라"라는 창조적 말씀이 선포되었고 또 인간의 영혼이 행동할 태세에 돌입했지만, 아직 능력은 나타나지 않은 상태다. 믿음은 놀라운 그 무엇을 행해야 한다. 믿음은 '어두운 지대', 즉 '중간적 상태'를 뛰어넘는 점프를 감행해야 한다. 즉, 그리스도의 말씀을 믿고 비합리적이고 초이성적인 일을 저질러야 한다.

죄를 깨닫는 자에게 일어나는 회오

인간의 영혼이 죄를 깨달으면 하나님을 두려워하게 된다. 죄를 깨달은 영혼은 양심의 가책을 느끼고, 버림받았다고 느끼며, 절망감을 느껴 코너에 몰린다. 이런 것이 회오(悔悟)다. 그런데 유감스럽게도, 오늘날에는 더 이상 회오가 보이지 않는다.

"지금 회심이라고 불리는 것들은 불완전합니다"라고 말하는 사람들이 많다. 그들은 "지금 우리의 눈에 보이는 회심들은 설명될 수 있는 것들이고, 뿌리부터 바꾸어놓는 것이 아니며, 철저하지 못합니다"라고 말한다. 회심이라고 하는 것들이 신비를 별로 보여주지 못하며, 인간이 무릎 꿇고 하나님이 승리하신다는 느낌을 주지 못한다. 사람들로 하여금 절망에 빠져 눈물을 흘리게 만들지 못한다.

나는 그 이유를 안다. 바로 회오가 없기 때문이다! 이사야 선지자는 절망감을 느껴 "나는 입술이 부정한 사람이요 나는 입술이 부정한 백성 중에 거주하면서 만군의 여호와이신 왕을 뵈었음이로다 하였더라"(사 6:5)라고 말했다. 그러나 그런 절망감이 현재의 회심에서는 보이지 않는다. 베드로로 하여금 "주여 나를 떠나소서 나는 죄인이로소이다"(눅 5:8)라고 고백하게 만든 그 무엇이 발견되지 않는다.

오늘날 우리에게 필요한 것은 두려움과 경외심을 불어넣어주는 회오다. 이런 회오는 사람의 영혼이 완전히 코너에 몰릴 때까지 그에게 절망감을 불어넣는다. 하나님은 그런 사람을 어둠 속으로 몰아넣어, 그로 하여금 결국 두 손을 들고 "하나님, 저는 어쩔 도리가 없는 부정한 사람입니다"라고 고백하게 하신다. 그 상태에 이르면 이상하고 놀랍고 신비로운 일이 일어난다. "일어나 네 자리를 들고 걸어가라"라고 말씀하시는 예수님의 음성이 들릴 것이다. 그분의 말씀이 들리면, 이상하게도 사람들은 불가능한 것을 행하게 된다. 신비롭게도, 새로 태어난 사람은 그것을 행하게 되지만, 자기가 어떻게 행하였는지는 알지 못한다.

단도직입적으로 말해서, 오늘날의 기독교에는 초자연적인 요소가 없다. 초자연적 요소를 강조하는 노래들을 부를 때에는 그것을 조금 느끼지만 항상 느끼는 것은 아니다. 나는 여러 집회에 참석해보았지만 거기에는 그것이 없었다. 기적적인 요소가 없었다. 어둠속으로 몰린 영혼이 절망감을 느껴 "오, 하나님! 저를 도우소서"라고 부르짖는 일이 일어나지 않았다.

나는 주님이 우리에게 부흥이 일어나게 해주시기를 원하지만, 기껏해야 모방이나 가르치는 '만들어낸 부흥'에 관계하고 싶은 마음은 없다. 그런 것은 조금도 원치 않는다. 예수님을 '아주 좋은 친구'로 만드는 '기분 좋고 편안한 기독교'에 합류할 바에는 차라리 성경책과 찬송가책을 들고 어딘가에 있는 나무 아래로 가서 주일을 보내겠다는 것이 내 생각이다.

chapter 07

책임을 깨닫게 하시는 그리스도의 사랑

아버지께서 아무도 심판하지 아니하시고 심판을 다 아들에게 맡기셨으니

이는 모든 사람으로 아버지를 공경하는 것같이

아들을 공경하게 하려 하심이라 아들을 공경하지 아니하는 자는

그를 보내신 아버지도 공경하지 아니하느니라

요 5:22,23

"오, 하나님 아버지! 제 마지막 심판관이 되실 주 예수 그리스도로 인하여 당신을 찬양하나이다. 제 생명이 지금, 그리고 영원히 그분의 돌보심 안에 있게 하소서. 예수님의 이름으로 기도하나이다. 아멘."

대부분의 사람들은 책임이라는 주제를 다루는 것을 힘들어한다. 영적인 문제에서는 더 심하다. 우리는 "누구나 자기가 원하는 대로 행할 수 있는 것 아니냐? 결과에 책임질 필요가 있느냐?"라고 말하는 경향이 강하다.

그러나 그리스도의 사랑에 대해 생각할 때, 책임이라는 개념을 반드시 고려해야 한다. 하나님께서는 우리가 예수께 어떻게 반응하느냐에 따라 결국에는 책임을 지도록 정하셨다. 이것은 "아들을 공경하지 아니하는 자는 그를 보내신 아버지도 공경하지 아니하느니라"(요 5:23)라는 말씀에서 분명히 나타난다. 이것은 우리가 반드시 알아야 하는 것이다.

사랑에는 책임이 따른다

사랑이 어떤 것인지에 대해 모호한 개념을 갖고 있는 사람들이 많다. 그들은 그리스도의 사랑에는 책임의 문제도 뒤따른다는 것을 알지 못한다. 그분과 관련된 문제에서 우리의 책임이 면제되는 부분은 없다.

그리스도께서 그분의 사랑을 우리의 삶 속에 부어주실 때, 그분은 우리가 그분께 책임을 져야 할 단계까지 우리를 끌고 가신다. 우리는 어떤 종교에게, 어떤 교리에게, 어떤 유명 설교자에게 책임을 져야 하는 것이 아니다. 오직 그리스도에게 책임을 질 뿐이다. 우리의 삶 속에 사랑을 부어주신 분이 그분이시므로, 우리는 오직 그분께 책임을 진다.

성경을 읽을 때 발견되는 아주 흥미로운 점은 하나님께서 그 누구에게도 무임승차권을 주시지 않는다는 것이다. 우리는 심지어 교회에서도 무임승차를 좋아한다. 누군가 잘못을 범해도 그에게 무임승차권을 준다. 그를 기본적으로 '선한 사람'으로 보기 때문이다.

그러나 선한 사람이라면 자신의 행동에 대해 하나님 앞에 책임을 져야 한다. 성경을 연구해보면, 우리가 장차 그분 앞에 서면 우리 삶의 모든 부분에 대해 책임을 지게 될 것임을 알게 된다. 그리스도의 피는 그분의 사랑을 충만히 받아들일 수 있도록 우리를 깨끗케 한다. 그러나 그분의 피가 모든 것을 덮도록 허용하지 않는 자는 하나님 앞에서 책임을 추궁당하게 될 것이다.

우리는 우리를 비판하는 주변 사람들 때문에 주눅이 들기 쉽다. 때로는 그들의 덫에 걸려들어 그들의 비판을 받아들인다. 그러나 나는 나를 비판하는 사람들에게 책임을 지지 않고 오직 하나님께 책임을 지면 된다. 그렇기 때문에 그리스도의 사랑은 내 삶의 지극히 놀라운 부분이다.

그러나 이 말이 우리가 콧대를 높이 세우고 주변 사람들을 무시하며 오만하게 살아도 된다는 뜻은 아니다. 그런 삶은 잘못된 것이다. 내 말은 우리가 최종적으로 책임을 져야 할 분이 하나님이시라는 것이다. 내 삶이 그리스도를 공경하지 않으면 하나님을 공경하지 않는 것이고, 장차 나는 그에 대해 하나님께 책임을 추궁당하게 될 것이다.

사랑을 맡은 청지기

예수님이 말씀하신 많은 비유들의 주제는 우리가 그분을 영접하면 청지기가 된다는 것이다. 하나님께서 우리에게 주신 모든 것들을 관리하는 청지기 말이다. 우리가 반드시 알아야 할 것은 우리가 그리스도의 사랑을 맡은 청지기라는 것이다. 그렇다. 우리는 이 사랑을 이해해야 하고, 이 사랑이 우리의 삶에 어떻게 영향을 끼치는지를 알아야 한다. 우리는 이 그리스도의 사랑이 우리를 통해 흘러나가 주변 사람들을 감싸게 해야 한다. 나는 내 안에 있는 하나님의 사랑을 맡은 청지기이므로, 그 사랑이 주변 사람들의 삶을 만져주게 해야 한다.

나는 이런 책임에 대해 언젠가 하나님 앞에서 해명해야 할 것이다. 나를 향한 그리스도의 사랑은 나 혼자 누리도록 주어진 것이 아니다. 나는 그 사랑을 아직 맛보지 못한 사람들을 찾아가 그들을 만져주도록 힘쓰는 선한 청지기가 되어야 한다.

우리가 그리스도 밖에 있는 사람들에게 어떤 영향이라도 끼치려면, 우리 안에 있는 그분의 사랑을 잘 나누어주는 선한 청지기가 되는 방법밖에 없다. 사람들이 그분의 사랑을 만나야 하는데, 그렇게 될 수 있는 유일한 방법은 그들의 마음과 삶에서 그것을 맛보는 것이다.

내가 즐겨 묵상하는 것 중 하나는 그리스도께서 내가 원하는 만큼 그분의 사랑을 부어주신다는 것이다. 그분의 사랑을 받으면 그만큼 많은 책임도 걸머지게 된다. 그런데 그분의 사랑을 받으면 내가 하나님께 받기 원하는 것을 그분이 내게 주신다는 것도 깨달았다. 즉, 내가 그분의 사랑을 받아들이면 거기에 따르는 책임도 받아들이게 되는 것이다.

만일 누군가 당신에게 100만 달러를 빌려주었다면 당신은 그 돈에 대한 책임을 져야 한다. 하나님이 주 예수 그리스도로부터 당신에게 그분의 사랑을 빌려주시면, 그분은 마지막 날에 그분 앞에 선 당신에게 그 사랑에 대한 온전한 책임을 물으실 것이다.

어떤 사람들에게는 내가 (비유적으로 말해서) 그들이 읽은 유일한 성경이 되는 것이 아닌가 하는 생각 때문에 때로 마음에 부담을 느낀다. 조금 다르게 표현하자면, 어떤 이들에게는 내가 그들이 경험한 유일한 그리스도의 사랑의 표현이 될 수도 있다는 것이다. 이런 생각을 하면 일상생활 속에서 엄청 부담을 갖게 된다. 하나님은 내가 그분의 사랑을 잘못 나타내지 않기를 바라신다. 그분의 사랑이 나로부터 흘러나가는 것은 아니다. 단지 나는 내 주변 사람들을 변화시킬 수 있는 그분의 사랑이 그들에게 흘러가는 통로에 불과하다. 오직 영원한 세계에 들어갔을 때, 내 삶을 통해 흘러간 그분의 사랑이 그들에게 어떤 영향을 끼쳤는지를 알게 될 것이다.

어떤 이들은 오직 내 삶을 통해서만 그리스도와 그분의 사랑의 나타남을 보게 될 것이다. 그런 점에서, 하나님은 장차 내게 책임을 물으실 것이다. 그런데 나는 그분께만 책임을 지는 것이 아니라 내 주변 사람들에게도 책임이 있다. 그리스도의 사랑을 올바로 나타내야 할 책임 말이다. 내가 그분의 사랑을 올바로 나타내는 것 말고는 그들이 그분의 사랑을 경험할 수 있는 다른 방법이 없을 수 있다.

착하고 충성된 종아

십자가에서의 그리스도의 죽음을 생각할 때 내 마음에는 종종 이런 질문이 떠오른다.

'지금 내가 살고 있는 삶은 그리스도의 십자가의 죽음을 헛되이 하지 않는 삶인가?'

이런 삶을 사는 것이 내 힘으로는 불가능하다. 내 삶에 대해 하나님 앞에 책임지는 삶을 사는 것이 내 힘으로는 불가능하다. 그러므로 나는 하나님 아버지께서 인정하시는 엄숙한 책임을 내 삶 속에 심어주신 그리스도의 사랑을 향해 내 마음을 열어야 한다.

그리스도인으로서 나는 주변 사회 앞에 책임지지 않는다. 내 주변 사람 앞에 책임지지 않는다. 내가 출석하는 교회 앞에 책임지지 않는다. 사회나 사람들이나 교회보다 훨씬 더 높은 존재 앞에서 책임을 지는 것이다. 나는 주변 사람들과 교회의 형제자매들을 존중해야 하지만, 결국 내게 책임을 물을 분은 하나님이시다. 내 인생에 대해 최종적으로 심판하실 분은 그분이시다. 우리의 모든 언행이 그분의 심판대 위에 오르게 될 것임을 안다면, 우리는 행실에 매우 조심하면서 성령의 능력 안에서 행하게 될 것이다.

우리가 심판대 앞에서 용납될 수 있는 유일한 길은 하나님의 사랑을 경험하는 것이다. 그분의 입장에서 볼 때, 그분의 사랑은 우리를 재미있게 해주거나 즐겁게 해주기 위한 것이 아니다. 그분의 사랑은 우리에게 엄중한 책임을 요구한다. 즉, 그분과 동행하며 살 것을 요구한다. 우리에게 부어지는 그분의 사랑을 경험하고, 우리의 삶 속에서 또 우리의 삶을 통해 나타나는 그 사랑의 힘 있는 능력을 이해할 때 비로소 더할 나위 없는 기쁨을 맛보게 될 것이다.

나는 구약을 읽으며 아브라함처럼 하나님과 동행한 사람을 묵상하는 것을 좋아한다. 종종 나는 하나님과 동행한다는 것은 정말 어떤 것이었을까 생각해본다. 아브라함이 그분과 동행할 때 아브라함 곁에 있으면서 그 교제를 볼 수 있었다면 정말 좋았을 것이다! 나 역시도 하나님과 동행해야 한다. 내가 그분과 동행할 수 있는 유일한 방법은 그분의 사랑이 내 마음과 삶 속으로 흘러들어오게 하는 것이다. 그렇게 하면 그분의 뜻에 부합하는 삶을 살게 된다.

우리는 심판에 대해 생각할 때 흔히 부정적인 면을 떠올리지만, 거기에는 긍정적인 면도 있다. 우리가 하나님 사랑의 능력 안에서 그분과 동행하면, 우리의 삶을 통해 그분이 행하시도록 한 일들에 대해 보상받을 것이다. 오늘날 그리스도인 중 많은 이들은 자신의 행위로 하나님께 감동을 드리겠다는 생각에 사로잡혀 있다. 솔직히 말해서, 때로는 나도 그렇다. 때로는 나도 그분께 감동을 드리고 싶어 한다. "엄마 아빠가 할 수 없는 것을 나는 할 수 있어"라고 생각하는 어린아이가 부모의 마음을 기쁘게 해드리려고 뭔가를 하는 것처럼 말이다. 그러나 우리는 우리의 삶을 하나님의 능력과 처분에 온전히 맡겨드리는 단계까지 나아가야 한다.

아브라함이 그의 아들 이삭을 제단 위에 올려놓았던 순간이 내 머릿속에 떠오른다. 무엇이 그로 하여금 그렇게까지 하도록 만들었는가? 무엇이 그에게 그렇게 할 수 있는 힘을 주었는가? 단언하건대, 그것은 아브라함이 하나님의 사랑을 풍성히 받았기 때문이다! 아브라함은 그분을 향한 자신의 사랑이 이 세상의 그 무엇을 향한 사랑보다, 심지어 자기 자식에 대한 사랑보다 더 강하다는 것을 그분께 증명해드렸다.

예수님은 마태복음 25장 21절에서 충성의 개념을 잘 보여주는 한 비유를 말씀하신다. 이 비유에서 주인은 그의 종에게 "잘 하였도다 착하고 충성된 종아"(마 25:21)라고 말한다. 나는 이 주인이 "잘 하였도다 착하고 성공한 종아"라고 말하지 않은 것이 아주 기쁘다. 우리는 성공이라는 것에 홀딱 반하지만, 하나님은 충성스러움을 너무 기뻐하신다.

아브라함의 경우, 하나님을 향한 불타는 사랑은 그의 삶에서 얻을 수 있는 성공의 어떤 부분보다도 소중했다. 그 사랑 때문에 그는 어떤 것이라도 기꺼이 포기할 수 있었다. 만일 지금 내가 하나님의 조건들에 따라 그분을 충성스럽게 섬기고 있다면, 그분의 사랑이 나를 통해 흘러서 내 주변 사람들을 만져줄 것이다. 우리가 충성스럽게 섬기는 것은 그분의 사랑을 이웃에게 흘려보내기 위함이다.

하나님께 합당한 것을 그분께 돌려드리는 것이 우리의 큰 기쁨이라고 나는 믿는다. 그분께 돌려드릴 것은 우리의 행위가 아니라, 그분이 우리의 삶 속에 부어주신 사랑이다. 하나님은 가장 좋은 것을 원하시는데, 그것을 그분께 드릴 수 있는 것은 우리 마음속에 있는 예수 그리스도의 사랑 때문이다.

08 chapter

성육신하신 그리스도의 사랑

내가 만일 나를 위하여 증언하면 내 증언은 참되지 아니하되

나를 위하여 증언하시는 이가 따로 있으니

나를 위하여 증언하시는 그 증언이 참인 줄 아노라

요 5:31,32

"오, 하늘의 아버지! 제가 당신을 크게 찬양하오니 이는 제가 성육신을 전부 이해하지는 못할지라도 예수님을 제 구주로 영접하고 그분이 날마다 제 모든 발걸음을 지도하고 이끌어주시도록 맡겼기 때문이나이다. 예수님의 이름으로 기도 드리나이다. 아멘."

우리 주 예수 그리스도께서 동정녀 마리아의 모태 속으로 들어오신 것은 우리의 슬픔과 고통에 동참하고 우리의 죄를 대신 지시기 위함이었다. 그렇게 할 수 있는 자격이 그분께 있었던 것은 죄를 범한 적이 없으셨기 때문이다. 만일 죄를 범한 적이 있었다면 우리의 죄를 대신 지실 수 없으셨을 것이다. 그분이 우리의 죄를 대신 지셨다는 것은 역사적 사실이다.

그리스도 안에서 죽은 그리스도인

대속 교리를 비판하는 사람들은 "예수가 사람들을 위해 죽었다는 것은 있을 수 없다"라고 말한다. 사실, 그들의 말에도 나름대로 일리가 있다. 이렇게 말하는 내 말의 의미를 설명하겠다.

일단, 이런 경우를 가정해보자. 어떤 사람이 살인죄로 기소되어 법정에서 재판을 받는다. 그는 죄가 없지만, 배심원단의 잘못된 판단 때문에 그에게 유죄판결이 내려진다. 판사는 그에게 자리에서 일어나라고 명한 다음에 이렇게 질문한다.

"당신은 내가 판결문을 읽기 전에 할 말이 있습니까?"

이 죄 없는 사람은 대답한다.

"없습니다, 재판장님."

판사의 말이 이어진다.

"당신은 적절한 법 절차에 따라, 그리고 공정하고 정의로운 재판에 의해 유죄로 판명되었습니다. 당신과 같은 시민들로 구성된 배심원단은 당신이 미리 계획하고 살인을 저질렀다고 만장일치로 판단했습니다. 당신이 살고 있는 이 주(州)의 법은 당신에게 사형을 내릴 것을 요구합니다. 이에 나는 당신에게 교수형을 선고합니다."

이 선고를 들은 방청객들은 이렇게 말할 것이다.

"살인범은 따로 있는데, 판사가 그 범인 대신에 이 사람에게 사형을 언도하다니, 이게 정의냐?"

대속 교리를 비판하는 사람들은 방청객들의 말 속에 담긴 이런 식의 사고방식 때문에 이 교리를 창문 밖으로 던져버린다. 그러면서 그들은 이렇게 말한다.

"도덕적 책임을 한 사람에게서 다른 사람에게로 전가하는 것은 불가능하다."

묘하게도, 이 비판자들의 말이 맞다! 도덕적 책임을 한 인격체에게서 다른 인격체로 전가하는 일은 그리스도의 속죄에서 일어나지 않았다. 유감스럽게도, 복음주의자들과 설교자들은 아주 단순한 것을 복잡하게 만드는 신학적 작업을 저질렀다.

그리스도께서 십자가에 달리셨을 때 우리는 그분의 일부가 되었고, 그분은 우리의 일부가 되셨다. 그러므로 어떤 의미에서, 그분이 죽으셨을 때 우리 모두는 죽었다. 율법이 모든 사람을 위해 한 사람을 죽인 것이 아니라, 그분이 모든 사람을 죽이신 것이다. 그리고 그분은 그분을 믿는 모든 사람을 죽은 자들로부터 일으키셨다. 그러므로 모든 사람이 자기의 죄 때문에 죽는다는 말이 맞다. 죄인은 홀로 죽지만, 그리스도인은 그리스도 안에서 죽는다. 어떤 경우든, 모든 사람은 자기의 죄 때문에 죽는다.

모든 사람은 자기의 죄 가운데 혼자 죽거나, 아니면 예수 그리스도와 그분의 몸에 자기의 마음을 연합시킴으로써 죽는다. 그분의 무서운 말씀을 떠올려보자.

"너희가 너희 죄 가운데서 죽으리라"(요 8:24).

머리이신 그리스도께서 우리 모두를 그분 안으로 모아들인 후 죽으셨을 때 우리도 죽었다. 그러나 그분이 하나님이셨기 때문에 우리를 위한 그분의 죽음은 속죄와 부활을 의미했다. 만일 우리가 홀로 우리 안에서 죽었다면 영생에 이르는 부활은 없었을 것이다. 그러나 우리가 그분 안에서, 그분과 함께 죽었기 때문에 영생에 이르는 부활과 신생(新生)과 장래의 영광이 있는 것이다.

인성을 받아들인 신

예수님은 신의 자리에서 인간의 자리로 내려왔기 때문에 인간이 되신 것이 아니라, 인성을 하나님 안으로 받아들였기 때문에 인간이 되셨다. 그리스도의 성육신은 품격을 떨어뜨린 것이 아니었다. 하나님은 자신의 품격을 떨어뜨리지 않으셨다. 예수 그리스도가 인간이 되신 것은 겸손히 자신을 낮추신 것이지 자신의 품격을 떨어뜨리신 것이 아니다. 하나님의 품격 저하는 전에도 없었고, 앞으로도 없을 것이다. 하나님의 거룩한 아들이 죄악에 빠진 인간들 가운데서 행하셨을 때 품격저하는 없었다. 이 점에 대해 그리스도의 온 교회가 정확히 이해하고, 단 하루만이라도 이에 대해 기도하며 묵상한다면, 기독교의 위상은 현재보다 무한히 높아질 것이다.

성육신이 일어났을 때 예수님은 인간의 모든 것을 취하셨다. 죄만 빼고 말이다. 그런데 그렇게 하실 때 그분은 신성을 뺀 하나님의 모든 것 속으로 인성을 끌어들이셨다. 그렇기 때문에 그분이 우리 가운데 계실 수 있었던 것이다.

이것을 믿기 때문에 우리는 이신론자(理神論者, deist)가 아니라 유신론자다. 우리 같은 유신론자는 "신이 존재한다. 그 신은 초월적 하나님으로서 높이 들린 보좌에 앉으셨고, 그분의 옷자락은 성전에 가득하다"라고 말한다. 논리는 "신이 우리 가운데 거하는 것은 불가능하다"라고 말하겠지만, 성육신의 신비는 그것이 가능하다고 말하면서 그 이유를 말해준다.

이사야의 말에 의하면 예수님은 우리의 슬픔과 고통과 죄를 짊어지셨고, 우리의 미래와 운명을 떠맡으셨으며, 이 모든 것들을 그분의 마음에 담고 어깨에 걸머지셨지만 그 어떤 대가도 받지 않으셨다. 그분은 이 땅을 떠나 승천하셨지만 인성을 버리지 않으셨다. 여전히 인성을 갖고 계시다. 그분은 하나님이시며 동시에 사람이시다. 그리고 지금 하나님 우편에 앉아 계신다.

뜨거운 마음에서 시작된 기적

예수님은 그분의 많은 형제들 중에서 제일 먼저 나신 자이시다. 동생이 잃어버렸기에 맏이가 찾아 나선 것이다. 다르게 말하면, 목자가 그의 잃어버린 양을 찾아 나선 것이다.

이성(理性)은 목자에게 "왜 당신은 어두운 밖에 나가서 양을 찾고 있습니까? 어둠이 깔렸고, 밖에는 짐승들이 있습니다. 당신의 아내와 아이들은 당신이 돌아오기를 기다리고 있습니다. 난로 위에는 주전자가 놓여 있고, 저녁 식사가 차려져 있습니다. 왜 여기에 있습니까?"라고 말할 것이다.

이런 이성의 속삭임에 목자가 어떻게 대답할까? 아마도 이렇게 대답할 것이다!

"저기 골짜기 위 어딘가에 양이 한 마리 있습니다."

그렇다! 이 목자의 대답에 담긴 이유 말고 또 다른 이유가 있을 수 있을까? 다른 논리가 필요하겠는가? 목자는 양들을 위해 오셨다. 양들이 있는 곳! 바로 그곳이 목자가 양을 찾을 수 있는 곳이다. 만일 양들이 목자에게 갈 수 있었다면 목자가 굳이 오시지 않았을 것이다. 하지만 양들이 그분께 갈 수 없었기 때문에 그분이 그들에게 오신 것이다. 성육신이라는 기적은 단순한 신학적 명제(命題)가 아니다. 그 기적은 뜨거운 마음에서 시작된 것이다.

맏이가 동생들을 위해 오셨다. 목자가 양들을 위해 오셨다. 하나님이 사람을 위해 오셨다. 구주가 잃어버린 자들을 위해 오셨고, 아직도 여기에 계신다. 죽을 수밖에 없는 인간의 눈에는 보이지 않지만, 그분은 날마다 우리와 함께 계신다. 그분이 우리 가운데 계신다는 것은 신비이며 기적이다. 그럼에도 이것이 가능한 것은 그분의 성육신이 있었기 때문이다. 인자는 잃어버린 자를 찾아 구원하기 위해 오셨다. 이것이 그분의 오심에 대한 그분 자신의 설명이다.

09
chapter

그리스도의 침묵의 사랑

그러므로 예수께서 그들이 와서 자기를 억지로 붙들어

임금으로 삼으려는 줄 아시고 다시 혼자 산으로 떠나가시니라

요 6:15

"하늘 아버지! 제가 당신 앞에서 마음속으로 느꼈던 굶주림과 갈증은 말로 다 표현할 수 없나이다. 당신의 성령이 제 마음 안에서 일하시어, 당신의 사랑의 빛이 제 삶을 통해 비춰지게 하소서. 예수님의 이름으로 기도하나이다. 아멘."

우리는 소음의 수렁에서 벗어날 수 없는 문화 속에서 살고 있다. 만일 당신이 대도시에 살고 있다면 삶의 환경이 얼마나 시끄러운지 잘 알고 있을 것이다. 이 성경 본문에서 나는 예수님이 왜 혼자 산으로 올라가셨는지 이해할 수 있다. 그분은 시끄러운 무리로 인해 피곤해지셨다. 혼자서 오직 하나님과만 함께 계실 수 있는 곳으로 가셔야 했다.

나는 때로 '그 산에서 예수님과 함께 있었다면 얼마나 좋았을까?' 생각하곤 한다. 하나님 앞에서 조용한 시간을 보내시는 그분의 모습을 내 눈으로 직접 볼 수 있었다면 얼마나 좋았겠는가!

사람이 이런저런 소리를 내는 것은 아주 정상적인 일이다. 갓 태어난 아기가 할 수 있는 일은 소리를 내는 것뿐이다. 그로부터 우리는 말하고, 말하고, 또 말하는 삶으로 나아간다. 하지만 언젠가는 우리가 소음을 피하고 침묵을 받아들여야 하는 때가 찾아온다. 지금 본문에서 볼 수 있듯이, 예수님이 바로 그런 때를 경험하고 계셨다.

예수님이 항상 우리에게 말씀하셔야 하는 것은 아니다. 어떤 사람이 사랑에 대해, 사랑에 대해, 사랑에 대해 계속해서 말한다면, 아마도 그는 사랑이 무엇인지 모르는 사람일 것이다. 마찬가지로 어떤 설교자들이 어떤 교리에 대해 말하고, 말하고, 또 말하는 것을 들을 때, 나는 그가 그 교리를 정말 이해하고 있는지 의심이 든다.

만일 내가 그리스도인이라고 누군가에게 말해야 한다면 나는 주님을 기쁘게 해드리는 삶을 살고 있는 것이 아니다. 그리스도의 침묵의 사랑이 내 마음과 삶에 흘러들어 와서 내 주변 사람들이 나를 보고 "이 사람에게는 뭔가 다른 점이 있구나!"라고 말할 정도가 되어야 한다.

우리는 흔히 "사람들이 우리 안에서 그리스도를 본다"라고 말하는데, 사실 그들은 우리 안에서 그리스도를 보는 것이 아니라 자신들이 설명할 수 없는 것을 무언가를 보는 것이다. 물론 우리는 그것이 그리스도이심을 안다.

홀로 산에 오르신 예수님

내가 당신에게 털어놓을 것이 하나 있다. 이 도시의 이러저런 소리들에 지칠 때면 나는 가끔씩 어떤 이들이 보기에는 좀 이상할 수도 있는 행동을 한다는 것이다. 시카고에서 기차를 잡아타고 서쪽으로 3시간 정도 가는 것이다. 그런 다음 거기서 다시 기차를 잡아타고 시카고로 돌아온다. 그 여섯 시간

동안 나는 그 작은 침대칸에 혼자 있게 된다. 나에게 말을 거는 사람도 없고, 나를 귀찮게 하는 사람도 없다. 혼자 하나님 앞에서 침묵 속에 있는 그 여섯 시간 동안 나는 그분의 침묵의 사랑을 새롭게, 신선하게 경험한다. 그 시간에 그분이 내게 "내가 너를 사랑한다"라고 말씀하실 필요는 없다. 내 삶 속에 임하는 그분의 임재가 그분의 사랑, 바로 그것을 내게 드러내 주기 때문이다.

산으로 올라가실 때 예수님은 혼자서 하나님과 함께 시간을 보내기 위해 모든 것을, 심지어 사랑하는 제자들까지도 뒤에 남겨두셨다. 그분의 침묵의 사랑을 정말로 경험하려면 우선 우리 자신을 완전히 비워야 한다. 이것은 쉬운 일도, 즐거운 일이 아니다.

우리에게는 언젠가 반드시 필요할 것이라고 생각하여 이것저것을 잔뜩 비축해두는 습관들이 생기고 있다. 어떤 의미에서 우리는 '지나치게 많이 긁어모으는 자'가 되었다. 그러나 그리스도의 침묵의 사랑은 우리와 하나님 사이를 멀어지게 할 수도 있는 모든 것을 버리라고 요구한다.

나는 침묵의 훈련이 내 생활에서 중요한 부분이 되어야 한다고 생각한다. 그리스도의 침묵의 사랑을 경험하려면 나 자신이 먼저 침묵을 배워야 한다. 당신이 말을 하고 있을 때 당신의 말을 가로막고 끼어드는 사람들을 만나봤을 것이다. 그러면 이어서 다시 말하려고 해도 잘 되지 않는다. 그때 당신이 느끼는 심정과 똑같은 심정을 느끼시는 분이 바로 하나님 아버지가 아니실까 생각된다.

우리는 기도할 때 말하고, 말하고, 말하고, 또 말한다. 우리는 하나님이 우리의 말에 대답하실 시간이나 기회를 드리지 않는다. 우리는 하나님 앞에 우리의 쇼핑 목록을 드리면서, 우리가 구하는 모든 것을 주실 것이라고 기대한다. 그리고 마냥 즐겁게 자신의 길을 간다. 그러나 주님 앞에서 침묵하면서 하나님이 그분의 뜻대로 모든 것을 행하시도록 한다면 어떤 결과가 나타날까?

교회 사무실에 혼자 있을 때 나는 종종 바닥에 엎드려 주님을 바라본다. 그리고 그곳에서 그분의 만나주심을 기다린다. 때로는 내가 얼마나 오랫동안 그러고 있었는지조차 모른다. 단지 나는 주님 앞에서 아무 말도 하지 않고 머문다! 내 침묵을 깨지 않는다. 그리스도의 침묵의 사랑이 내 안으로 흘러들어오게 할 뿐이다.

내가 볼 때 많은 그리스도인들, 특히 목회자들이 일주일에

7일, 하루 24시간 내내 일을 하려고 하기 때문에 좌절감과 낙심에 빠진다. 우리는 하나님께서 침묵 가운데 그분의 사랑을 통해 우리의 일을 처리해주실 시간을 그분께 드리지 않는다.

침묵의 중요성을 알기 때문에 내가 어떤 기독교 신비가들에게 그토록 끌리는 것 같다. 그들이 우리에게 들려주고 싶은 이야기가 많겠지만, 그중에서도 특히 '주님 앞에서 잠잠해져야 할 필요성'에 대해 말하고 싶어 할 것이다.

침묵 가운데 일하시는 하나님

그리스도인으로 살아온 평생 동안, 나는 주님 앞에서 잠잠해 지기 위해 노력해 왔다. 주님 안에서 나이를 먹어갈수록 그분 앞에서의 침묵의 중요성은 더욱 커진다. 지금 생각해보니 나는 젊었을 때 주께 드릴 말씀이 많았다. 하지만 나이가 들어가면서 주님에 대해 알아갈수록, 그분 앞에서 침묵의 시간을 가지며 그분이 들려주실 말씀에 귀를 기울이기를 더욱 원하게 된다. 그분이 말씀하셔야 할 것이 말로 전달될 수 없는 경우들도 많다. 그럴 때 그분은 침묵 가운데 행하신다. 그런 행하심은 그리스도인으로서의 내 경험에서 아주 중요한 의미를 갖는다. 그분이 나를 위해 준비하신 일은 침묵으로부터 나온다.

지난 세대의 위대한 복음전도자 찰스 피니(Charles Finney, 1792-1875. 미국의 제2차 대각성운동의 지도자)에 대해 읽은 것이 기억난다. 그는 말씀을 전하는 사역을 하다가 지치고 피곤해질 때면 모든 스케줄을 취소하고 숲속으로 들어가 주님 앞에서 침묵하는 시간을 가졌다. 그의 마음에 다시 불이 붙을 때까지 말이다. 그렇게 불이 붙으면 자리에서 일어나 세상으로 돌아갔고, 그가 설교하면 그 불이 청중을 통해 들불처럼 퍼져나갔다.

나는 침묵의 시간이 좋다. 나는 하나님께서 우리의 마음과 생활 속에서 일하시도록 하는 것이 어떤 것인지를 아는 사람을 좋아한다. 나는 찰스 피니 같은 사람이 결코 아니다. 하지만 모든 것을 뒤로 하고 오직 하나님과 함께 있기 위해 산으로 올라가야 한다는 것은 잘 알고 있다. 꼭 산이 아니라도 좋다. 주님 앞에서 조용한 시간을 가질 수 있는 곳이라면 어디든지 좋다.

침묵의 사랑을 경험하라

예수님을 생각해보고, 또 그분께 몰려든 무리를 생각할 때

나는 무리를 상대로 일하신 것이 그분을 피곤하게 했다고 믿게 된다. 그분이 이 땅에 계실 때 인간으로서 인간의 모든 한계들을 경험하셨다는 것을 기억하라. 물론, 그 한계들 중에는 피로도 포함되어 있다. 내가 볼 때, 그분은 피로가 몰려올 때 홀로 산으로 가서 하나님 앞에서 조용한 시간을 가지셨다. 이런 점에서 나는 주님을 본받고 싶다.

나는 설교자이고 작가이기 때문에 내게는 말이 아주 중요하다. 하지만 더 중요한 것은 침묵 가운데 주께 나아가, 그분이 그분의 뜻대로 내 혼과 영을 먹이시도록 나를 맡기는 것이다.

그렇게 할 때 나는 그분께 "하나님, 이러이러하게 해주세요"라고 말씀드리지 않는다. 단지 그분 앞에서 무릎을 꿇고, 내 입을 다물고, 내 마음을 주 예수 그리스도에게 집중한다.

우리가 살고 있는 사회는 우리의 주의를 분산시키는 것들이 많다. 때로 우리는 주변의 문화에 완전히 매몰된다. 스포츠, 정치, 심지어 종교에도 매몰된다. 이 모든 것들은 우리가 주님과 교제할 시간을 뺏어간다.

한 시간의 설교를 위해서 주님 앞에서 열 시간 기도하곤 했다고 말한 사람이 조지 뮬러(George Muller, 1805-1898. 자선

사업가 및 '그리스도인 형제단' 운동의 지도자)라고 나는 기억한다. 설교가 한 시간이었다는 것과 기도 시간이 열 시간이라는 것이 숫자적으로 정확한 것인지 아닌지는 잘 모르겠지만, 아무튼 그 정도로 기도 시간이 압도적으로 많았다는 것이다. 그의 말의 핵심은 설교하기 전에 하나님 앞에서 홀로 시간을 보내야 했다는 것이다. 그의 말이 맞다. 내 삶에서 그리스도의 침묵의 사랑을 경험할 때, 나는 내가 설명할 수 없는 에너지를 느낀다.

만일 당신이 삶의 모든 것을 설명할 수 있다면, 주님을 위해 살고 있는 것이 아니다. 그러나 내가 조용함 가운데, 침묵 가운데 그분과 동행하면 그분은 내가 의식조차 못하는 내 삶의 여러 부분들에 양분을 공급해주신다. 지금 내게 있는 힘은 연구에서 나온 것이 아니다. 운동에서 나온 것도 아니다. 음식을 먹었기에 생긴 것도 아니다. 그것은 침묵 가운데 주님 앞에서 기다린 시간에서 나온다.

하루 24시간, 일주일에 7일. 바쁘게 돌아가는 이런 사회 속에서 살다보면 뭔가를 기다리는 데 많은 시간을 투자할 수가 없다. 우리는 어떤 일에 1분만 늦어도 난리를 친다. 그렇기 때문에 나는 오직 하나님과 함께 양질의 시간을 보내는 것이 중요하다고 느낀다.

나는 잠자리에 들기 전에 기도하는 시간을 갖지만, 때로는 너무 졸려서 기도하다가 잠들어 버린다. 나는 그리스도의 조용한 침묵의 사랑이 내 마음과 사역을 위한 영양분을 공급해 주도록 하나님 앞에 엎드려 있을 수 있는 장소로 갈 필요가 있다.

오늘날의 교회에서는 요란스러운 것들이 많은 사람들에게 매력적으로 여겨진다. 행사를 소란스럽게 하면 할수록 그만큼 더 많은 사람들이 교회로 몰려든다. 그러나 나는 이것이 그리스도의 침묵의 사랑에서 멀어지게 하려는 원수의 속임수라고 믿는다.

성령께서 언제 우리의 마음과 삶 속에서 일하시는지 어떻게 알 수 있을까? 우리의 열심과 성령의 일하심을 혼동하지 않으려면 어떻게 해야 하는가? 만일 우리가 이런저런 것들에 대해 하나님께 우리의 뜻을 관철하려고 하지 않고 그분 앞에서 조용한 시간을 가지며 그분의 임재를 기다리고 있다면, 그것은 우리의 열심 때문이 아니다.

예수님이 제자들과 함께 일하실 때 그분 앞에 놓여 있었던 것이 무엇이었는지 우리 모두는 안다. 그것은 십자가였다! 그분에게는 아버지 앞에서 그 영원한 사건에 대해 준비하는 조용한 시간을 자주 갖는 것이 필요했다.

우리 각자에게도 져야 할 십자가가 있다. 만일 지금 우리가 십자가 지는 일을 잘 감당하고 있다면, 그 이유는 단 한 가지다. 그것은 하나님의 침묵의 사랑이 우리에게 힘을 주고 동기를 부여하도록 조용히 기다렸기 때문이다!

사람들에게 동기를 불어넣는 설교를 주로 하는 현대의 설교자들은 어떤 것에 대해 우리를 흥분시키고 자극하려고 애쓴다. 나는 그것을 나쁘다고 말하지는 않겠지만, 그런 것에 관심은 없다. 나는 내 삶에 임하는 그리스도의 침묵의 사랑에서 흘러나오는 동기 부여를 원한다. 내 사역이 그 누구에게도 설명될 수 없는, 심지어 나 자신에게도 설명될 수 없는 특징을 갖는 사역이 되기를 원한다. 내가 알지 못하는 길에서도 앞으로 전진할 수 있도록 동기를 부여하는 것은 그리스도의 침묵의 사랑이다.

우리가 골짜기 아래에서의 삶에 너무 매몰되어 있을 때는 홀로 하나님과 함께 있을 수 있는 산을 발견하지 못한다. 이런 한계를 이용하여 때로 우리의 원수는 우리가 사역을 위한 힘을 얻는 것을 방해한다. 그러나 나는 원수가 내 영적 삶을 통제하는 것을 거부한다. 인간의 본성이나 능력이나 지력(知力)과 관련된 그 무엇이 주님을 위한 내 사역의 성격을 결정짓도록 내버려 두지 않는다. 그러므로 나는 예수님처럼 산에 올라 혼자 하나님과 함께 있으면서 그리스도의 침묵의 사랑을 맛볼 것이다.

10 chapter

그리스도의 고독한 사랑

그러므로 예수께서 그들이 와서 자기를 억지로 붙들어

임금으로 삼으려는 줄 아시고 다시 혼자 산으로 떠나가시니라

요 6:15

"자비로우신 하늘의 아버지! 저는 당신 앞에서 제 마음을 차분하게 합니다. 그리고 당신의 음성을 듣기 위해 이렇게 혼자 있나이다. 제게 응답하시어 당신의 이름을 높이소서. 예수님의 이름으로 기도하나이다. 아멘."

나는 예수님이 혼자 산으로 가신 것을 기록한 이 성경 본문을 다시 한 번 살펴보기 원한다. 신약성경 전체를 살펴볼 때, 혼자만의 시간을 갖는 것은 그분의 습관이셨으며 결코 특이한 것이 아니었음을 쉽게 알게 된다. 우리 주님은 때로 무리를 떠나 혼자 광야로 들어가시거나 산으로 올라가시거나 감람원의 나무들 아래를 찾으셨다.

이런 습관을 보여준 분은 비단 주님만이 아니시다. 선지자들도 오직 하나님과 함께 있을 수 있는 시간을 내기 위해 애썼다는 것이 성경의 도처에 기록되어 있다. 다윗의 시편은 '외로움의 시편'이었다. 물론 그의 많은 시들이 사람들과의 어울림에서 오는 기쁨을 노래했지만, 그가 오직 하나님과 가진 시간과 관련된 시들도 많다.

어둠에 빛을 받는 시간

성경에 나오는 위대한 신앙인들이 사람들과의 어울림을 뒤로 하고 적게는 몇 시간부터 많게는 며칠 동안 홀로 하나님 앞에서 시간을 보낸 이유는 무엇일까?

우리는 사방에 어둠이 깔린 세상에서 살고 있다. 그리스도인으로서 우리가 감당해야 할 큰일 중 하나는 어둠의 세력을 부수는 것이다. 그런데 그렇게 할 수 있는 방법은 사회를 완전히 등지고 떠나는 것이 아니다. 그저 홀로 가끔씩 떠나는 것이다.

인간 사회를 떠나 조용한 곳으로 가서 당신의 영혼 안의 어둠을 빛에 노출시켜라. 그렇게 하면 하나님의 빛이 당신 위에 비칠 것이고, 그분의 방법과 생각과 감정과 특징이 당신에게 스며들 것이다. 그러면 다시 사회로 돌아와 어쩔 수 없이 어둠 속에서 살게 될 때도 '반사된 빛'을 발하게 될 것이다. 그 빛은 그분께 받아서 뿜어내는 백열(白熱)의 빛이다!

성도들은 언제나 그들 나름의 외로운 시간을 가졌다. 그것은 말 그대로 혼자 있는 시간이었고, 이는 하나님께 순종하는 행위였다. 그들이 혼자 있었던 것은 현실에서 도피하기 위함이 아니었다. 사회에서 물러나 하나님과 교제하기 위해 홀로 있었다.

예수님이 산으로 올라가신 데에는 이유가 있었다. 그분은 하루 종일 사람들에게 둘러싸여 지내셨다. 그들의 질투와 악한 말과 지독한 세속성은 그분의 에너지를 많이 빼앗아갔다. 그분은 매우 피곤해지셨다. 그분은 어떻게 하셔야 했는가? 그렇게 그냥 무너지셔야 했는가? 그럴 수는 없었다. 그분은 무리를 보내시고 산으로 올라가셨다. 시달리고 지친 영혼을 위로 향하게 하여, 하나님의 얼굴을 바라보셨다. 그리고 그 달콤하고 귀한 시간이 끝나면 다시 산에서 내려와 파도를 잔잔케 하고 사람들을 축복하셨다. 만일 그분이 사역으로 인해서 피곤해지셨음에도 계속 무리 가운데 머무셨다면 그들을 도우실 수 없었을 것이다. 그들을 도우려면 그들을 떠나 재충전하신 후에 다시 와서 그들의 필요를 채워주는 방법을 사용하셔야 했다.

침묵의 학교에 입학한 모세

우리는 사회에서 물러나 하나님과 교제하는 시간을 자주 가져야 한다. 구약에 나오는 모세가 좋은 본이 되어준다. 그는 애굽의 모든 학문을 공부했지만, 하나님께서는 이스라엘 자손의 구원을 위해 그를 사용하기 원하셨기 때문에 그에게 또 하나의 학위(學位)를 주셔야 했다. 그것은 광야의 깊은 곳에서 40년 동안 배워야 받을 수 있는 학위였다! 때로 그의 귀에는 별들 아래 어두운 곳에서 양들이 우적우적 먹는 소리만 들렸을 것이다. 하나님은 모세를 학교에 보내셨는데, 그것은 침묵의 학교였다!

거기서 모세는 침묵의 치유적 효과를 배웠다. 그것을 배우기 위해서는 홀로 있어야 함을 하나님께서 그에게 가르쳐주셨다. 우리 모두는 이 침묵의 학교에 가야 한다.

사회가 주는 스트레스가 인간으로서의 주님의 마음이 감당하기 힘들 정도로 심해지면, 그분은 무리를 보내고 사라지셨다. 그들이 그분을 찾았지만 그분을 볼 수 없었다. 그분은 이미 침묵 속으로 깊이 들어가 계셨기 때문이다.

왜 사람들이 신경쇠약과 심장병으로 조기에 사망하는가? 소음, 긴장, 그리고 스트레스 때문이다! 세상의 한복판에 살기 때문에 이런 것들에서 완전히 벗어날 수는 없지만, 때로는 이런 것들을 피해 조용한 곳으로 갈 수 있다.

혼자만의 시간을 가지면서 스트레스를 날려버리고, 인내심을 가지고 인간 사회를 멀리하며 조용히 하나님을 기다릴 수 있다. 조용한 곳에서 하나님과 함께 시간을 보내면 온갖 성경학교들에서 공부하는 것보다 더 많이 배울 수 있다. 혼자만의 장소를 찾아서 당신의 영혼을 침묵 속에 깊이 빠뜨리고, 얼굴을 들어 하나님의 빛을 바라보면 더 많은 것을 배울 수 있다.

흘려보내기 위한 채움의 시간

여기서 우리는 이런 질문을 제기할 수 있다.

'사회에서 물러나 은밀한 침묵 속으로 들어가 하나님을 기다리며 그분의 햇빛에 마음을 집중하는 목적은 무엇인가?'

나는 서재나 혹은 다른 장소들에서 문을 잠그고, 소음을 차단하고, 성경을 펴놓고, 무릎을 꿇고서 하나님을 기다리곤 한다. 그러면 즉시 어떤 느낌이 들기 시작하는데, 그것이 단순한 감정이 아니다. 나는 지극히 차분해지고, 너무 편하다는 느낌이 든다. 우주와 완전히 조화를 이루었다는 느낌, 하나님이 계신 곳에 있다는 느낌을 맛보게 된다.

생기를 불어넣어 주고 치유와 기쁨을 주는 이런 느낌은 우리의 심신을 너무 지치게 하는 사회에서 물러나 하나님과 조화를 이룬 상태에서 그분의 음성을 마음으로 들을 때에만 비로소 생긴다.

그분이 들려주신 음성을 내가 그대로 인용할 수는 없다. 어차피 그것은 눈으로 볼 수 있는 것이 아니며, 감각을 완전히 초월하는 것이기 때문이다. 그것은 마음속 깊고 깊은 곳에서 들리는 음성이다.

예수님이 세상 속에서 사역의 수고를 중단하는 방법이 무엇이었을까? 사람들을 잡아끌어다가 목을 조르는 사회의 영향력에서 벗어나는 길은 무엇이었을까? 때때로 사회를 떠나 하나님의 사랑의 따스함으로 마음을 녹이고 적막 속에서 깊이 차분해지는 것이 바로 그 방법이다!

우리도 그분처럼 해야 한다! 우리가 깊이 없는 얄팍한 공부에 만족하고, 그토록 쉽게 신앙적으로 퇴보하고, 그토록 깊은 낙심의 구렁텅이로 떨어지는 이유는 소음 가운데 살면서 얄팍한 수준에서 놀기 때문이다.

우리가 사회적 통합과 사회적 적응을 추구해야 한다는 말이 우리 귀에 들리고 있다. 이런 개념들은 아주 유식한 말로 들리기 때문에 "아, 정말 그래! 진짜 맞는 말이야!"라고 반응할 수도 있겠지만, 이것은 착각이다.

사회적 통합이 무엇인가? 이것은 우리가 사회 속으로 완전히 잠겨버려야 한다는 것을 의미한다. 그러나 누군가 내게 이미 영적으로 실패한 사회 속에 푹 잠겨서 그 망해버린 사회 속에서 녹아 없어지라고 말한다면, 그것은 침몰하는 배의 갑판에 나를 쇠사슬로 묶으라고 말하는 것과 똑같다.

사회적 통합과 더불어 강조되는 또 다른 것은 사회적 적응이다. 지금 누군가 약간의 불안에 시달리기 때문에 정신과 의

사를 찾아가면 그 의사는 이렇게 말할 것이다.

"당신의 문제는 적응이 안 되었다는 것입니다. 그러니 이제 이 문제에 대해 차분히 얘기해봅시다. 당신은 사회에 적응해야 합니다."

그러나 성경은 적응과 통합을 가르치지 않고, 오히려 거부와 거리두기를 가르친다. 그리스도인은 영적으로 망해버린 사회로부터 구원받은 사람이다. 그러므로 누군가 내게 "저 사회에 다시 통합되야 합니다"라고 말한다면 나는 이렇게 대답할 것이다.

"미안하지만 그렇게 못하겠습니다. 지금 나는 눈물을 흘리며 하나님을 찾는 힘든 일을 이어가고 있습니다. 회심하고 거듭나고 구원받고 새롭게 되는 쉽지 않은 과정을 이미 겪었습니다. 그리고 지금 저 사회가 나를 쳐서 쓰러뜨리지 못하도록 힘겹게 싸우고 있습니다."

사회로부터 물러나서 하나님과 시간을 보내다가 다시 돌아오면, 내 손에는 사회에게 줄 그 무엇이 있게 된다. 내가 사회에 도움을 줄 수 있는 것은 사회에게 말해줄 그 무엇을 '저 높은 곳'에서 가져왔기 때문이다. 그러나 내가 사회 속에 있다가 사회에게 무릎 꿇고 패배하여 두려움과 공포 속에서 사회에 흡수되고 만다면, 사회에 아무것도 줄 수 없다. 세상 사람들과 똑같이 나빠질 것이다. 내 가슴속에서 뛰고 있는 심장에 희망이 없다면, 희망 없는 사람들에게 어찌 진리를 전할 수 있겠는가? 내 마음이 안정을 못 찾고 있다면 그들의 마음에 어찌 평안을 전할 수 있겠는가?

거리두기가 답이다

주님은 우리에게 침묵 속으로 들어가라고 명하시며 이렇게 말씀하신다.

"너는 기도할 때에 네 골방에 들어가 문을 닫고 은밀한 중에 계신 네 아버지께 기도하라 은밀한 중에 보시는 네 아버지께서 갚으시리라"(마 6:6).

우리가 그분의 말씀대로 행한다면, 침착하고 평안한 마음으로 '저 높은 곳'에서 어두운 골짜기 아래로 내려올 수 있다. 거기에는 겁먹은 사람들이 사회에 통합되려고 이리저리 뛰어다니고 있다. 우리는 그들에게 "질 낮은 통합에 속아 넘어가지 말고 거부를 배우십시오. 하나님을 향해 언제나 '네'(yes)라고 말씀드리고, 동일한 입술로 세상에게는 언제나 '아니오'(no)라고 말하십시오"라고 말해주어야 한다.

우리는 사회의 해로운 것들을 거부해야 한다. 그렇다면, 사회에서 해롭지 않은 것들은 어떻게 해야 하는가? 그것들과는 거리를 두어야 한다! 해롭지 않은 것들의 본질을 꿰뚫어본 다음에 그것들에게 등을 돌리고 우리의 애정의 눈을 저 위, 하늘로 향하게 해야 한다. 거기에는 그리스도께서 하나님의 우편에 앉아 계신다. 사회의 그 어떤 것도 우리를 지배하게 해서는 안 된다. 거리두기가 답이다!

사회의 악하고 해로운 것들은 물론 단호히 거부해야 한다. 어둡고 악하고 저질적인 것들에게는 언제나 '아니오'라고 말하라.

그리스도를 믿고 그분 안에서 행하면 회심한 것이다. 거듭나서 그리스도 안에서 새 피조물이 된 것이다. 옛 것은 지나갔고, 모든 것이 새롭게 된 것이다. 그럼에도 불구하고 우리를 끌어당기는 사회의 힘은 여전히 우리 사방에서 작용하기 때문에, 이 땅에 살면서 주님을 따르는 동안에는 자주 사회에서 물러나 혼자만의 장소를 찾아야 한다. 그래야 우리 삶의 목을 조르는 악한 힘을 깨뜨릴 수 있다. 당신을 지배하려는 세상의 힘을 깨부수라. 그러면 세상으로 돌아왔을 때 노예가 아니라 주인으로 살 수 있게 된다.

때로는 세상의 무리를 뒤로 하고, 사회적 접촉을 끊고, 가족조차 뒤로 하고 물러나야 한다. 혼자만의 공간으로 들어가 문을 닫고 오직 하나님과 시간을 보내면 은혜 안에서 성장하게 될 것이다. 그러면 바깥의 세상이 비명을 지르고, 덜거덕거리고, 시끄럽게 호각을 불어대도 당신의 마음은 차분할 것이다. 당신의 영혼에 그분의 복이 임하면, 세상으로 다시 내려오라. 그리고 자기의 무덤을 지나며 날카로운 소리를 내는 시끄럽고 지친 불쌍한 세상에게 진정으로 가치 있는 것에 대해 말해주어라.

어떤 규칙이나 규정을 배운다고 해서 영적인 사람이 되는 것은 아니다. 어떤 약을 먹는다고 해서 신령해지는 것도 아니다. 그렇게 되려면, 영성을 길러야 한다.

나는 나를 파괴할 수도 있는 사회에서 물러나 하나님과 짧은 시간이라도 가질 수 있도록 내 스케줄을 조정하고 싶다. 왜냐하면 그분과 시간을 보내면 영성을 함양하고, 마음의 평화를 얻고, 침묵 속에서 그분의 말씀을 들을 수 있기 때문이다.

얼마나 자주 그렇게 해야 하는지에 대해 나는 말하지 않겠다. 그분과 얼마나 오랫동안 시간을 보내야 하는지도 말하지 않겠다. 다만 내가 말하고 싶은 것은 우리의 연약한 마음을 끌어당겨 사로잡는 사회의 힘을 깨부수려면 혼자만의 장소에서 그분과 시간을 보내야 한다는 것이다.

NO GREATER LOVE

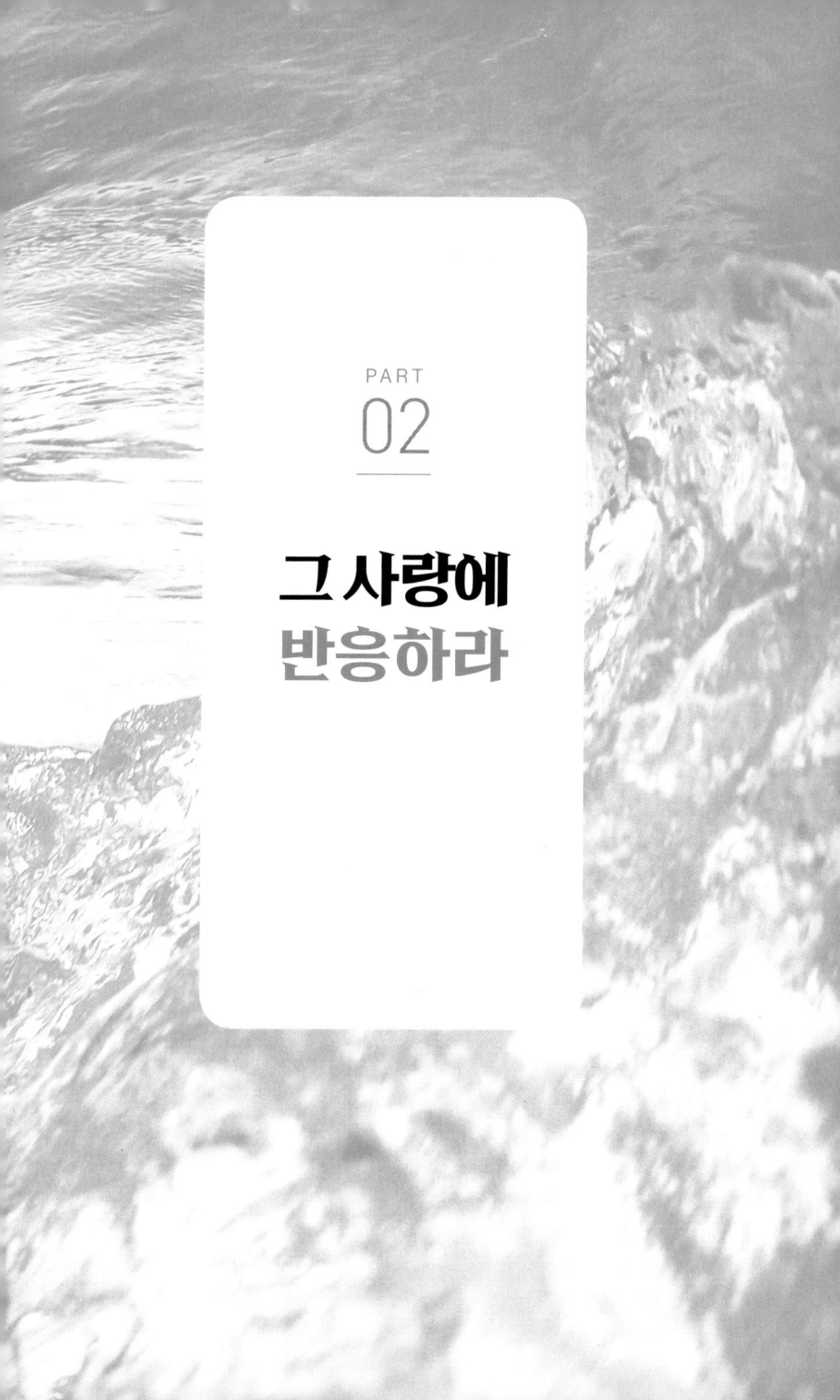

PART
02

그 사랑에
반응하라

11 chapter

그리스도의 주권적 사랑

나를 보내신 아버지께서 이끌지 아니하시면 아무도 내게 올 수 없으니

오는 그를 내가 마지막 날에 다시 살리리라

요 6:44

"인자하신 하늘의 아버지! 당신이 제게 주신 자유에 대해 감사하나이다. 기도하오니 제가 날마다 당신의 주권을 존중할 뿐만 아니라, 아무리 고통스러울지라도 매사에 순종하게 하소서. 예수님의 이름으로 기도하나이다. 아멘."

나는 복음주의자이지만, 초조해질 때에는 근본주의자도 된다. "구약의 여호와께서 신약에서 성육신하셨다"라고 말하는 사람들이 있지만, 그들은 잘못 알고 있는 것이다. 육신이 되어 우리 가운데 거하신 분은 주권적 아버지 하나님이 아니라, 아들 예수 그리스도이시다. 성부 하나님과 성자 하나님은 구별되어야 한다.

이것을 설명하기 위해 한 가지 예를 들겠다. 다윗이 쓴 시편 110편은 "여호와께서 내 주에게 말씀하시기를"(시 110:1)이라는 말로 시작된다. 여기에 언급된 다윗의 '주'는 누구이신가? 예수님이셨다! 그렇다면 아버지의 우편에 앉아 계신 분은 누구이신가? 예수님이시다!

주권적 아버지 여호와, 즉 '스스로 있는 자'(출 3:14)가 성육신하신 것이 아니라 아들이 성육신하셨다. 그럼에도 불구하고 아들은 아버지만큼 주권적인 분이시고, 아버지만큼 '스스로 있는 자'이시다. 우리는 아버지에 대해 말할 수 있는 것을 또한 아들에 대해서도 말할 수 있다. 그리고 아버지와 아들에 대해 말할 수 있는 것을 성령에 대해서도 말할 수 있다.

사람에게 자유의지를 주신 하나님의 주권

하나님은 주권을 갖고 계신다. 그분에게는 언제나 자신의 뜻대로 행하실 수 있는 자유가 있고, 또 아무런 방해를 받지 않고 자신의 모든 선한 뜻을 이루실 수 있는 자유가 있다.

하나님의 제1의지는 그분의 모든 영원한 목적들과 관계된다. 그 제1의지 안에서 그분이 하늘과 땅에서 그분의 뜻을 이루어가시기 때문에, 우리는 결국 무릎을 꿇고 "예수님이 주님이시다!"라고 선언하여 하나님의 영원한 목적에 영광을 돌리게 될 것이다. 그러므로 나는 미래에 대해 걱정하지 않고 평안한 마음을 가질 수 있다. 두려움이 없다. 왜냐하면 모든 것이 선하게 귀결될 것이기 때문이다.

하나님의 제2의지는 인간에게 자유의지를 주시겠다는 의지이다. 인간은 자신의 의지를 행사할 수 있는 권리를 그분에게서 받았는데, 심지어 그분에게 대적할 때에도 그 권리를 행사할 수 있다.

하나님에게는 우주, 지구, 인류, 교회 그리고 이스라엘에 대한 계획이 있다. 더욱이 이것들에게는 서로 연결된 구체적 계획이 있는데, 그 계획은 창세전에 삼위일체 하나님의 마음에서 나온 것이다. 창세전이라 함은 하늘에 구름 한 점 없고, 대양에 물 한 방울 없고, 하늘에 별 하나 없고, 그분의 보좌 앞에 천사가 한 명도 없었던 때이다.

하나님의 제1의지는 거대한 배와 같다. 이 배가 위엄찬 모습으로 천천히 부두에서 빠져나와 대양을 향해 나아가기 시작한다. 배의 선장은 배를 목적지까지 도달하게 해야 할 책임이 있다. 그 배의 목적은 목적지에 도달하는 것이다. 배의 주인, 선장, 그리고 승무원은 이 목적을 달성해야 한다. 하지만 그토록 많은 승객들은 그 목적에 대해 별로 생각하지 않는다.

어린 아기가 갑판 위를 기어다니고 있다. 지친 엄마는 햇빛을 조금이라도 더 만끽하려고 갑판 위에 누워 있다. 키가 작아서 까치발을 해야 겨우 바다를 볼 수 있는 어린 소년이 셔플보드(판 위에 원반들을 얹어 놓고 긴 막대를 이용하여 숫자판 쪽으로 밀면서 하는 게임) 놀이를 하고 있다. 또 어떤 이들은 카드놀이를 하고 있을 것이다. 원하는 카드놀이를 자연스럽게 즐기면서 말이다. 하지만 이들 모두는 목적지까지 무사히 배를 이끌고 가야 할 무거운 책임감이 선장의 어깨를 짓누르고 있다는 것을 상상조차 못한다. 그러나 선장은 항해의 목적을 안다.

선장의 제1의지는 최종 목적지의 항구 부두에 배를 대는 것이다. 그의 제2의지는 승객들이 원하는 대로 쉬며 즐길 수 있도록 하는 것이다. 그들이 배 안에서 품위에 어긋나는 행동을 하지 않는다면 그들에게 간섭하지 않는다는 것이 그의 제2의지이다.

때로 나는 사람들이 "하나님이 하나님이시라면, 이 세상에서 일어나는 말도 안 되는 일들을 왜 그냥 내버려두시는가?"라고 말하는 것을 듣는다. 그러나 하나님은 자신이 배를 어디로 끌고 가시는지 알고 계신다. 결국에는 그분의 모든 목적들이 성취될 것이다. 그때까지 사람들이 그분의 의지를 대적하거나 그것을 소홀히 하거나 그에 대해 무지해도 그냥 내버려두는 것이 그분의 제2의지이다.

시속 몇 십 킬로미터로 움직이고 있는 배를 타고 가고 있는 당신이 배에서 내리고 싶어 한다고 가정해보자. 아마도 당신은 뱃머리에서 시작해 선미를 향해 걸어가면서 마음속으로 '나는 배를 타고 계속 가고 싶지 않은데…'라고 생각할 것이다. 하지만 걱정할 것 없다. 당신은 아무런 문제없이 항해를 계속하게 될 것이니 말이다. 무언가 잘못될 것이라고 생각하지 말라. 사실, 당신은 지금 그저 운동을 좀 하고 있을 뿐이다. 아무리 마음을 굳게 먹고 배가 나아가는 방향과 반대 방향으로 걸어봤자, 이 배는 당신을 싣고 유유히 계속 앞으로 나아갈

뿐이다.

많은 이들이 배가 나아가는 방향과 반대되는 방향으로 걷고 있다. 하지만 그렇다고 해서 그들에게서 하나님의 뜻이 이루어지지 않을 것이라고 단 1초라도 생각하지 말라. 어차피 사람들은 천국 아니면 지옥에 도달하게 될 테니 말이다. 그분의 아들을 믿고 그분의 뜻대로 행하는 자들은 천국에 이를 것이고, 그렇지 않은 자들은 지옥으로 가게 될 것이다. 하나님은 그분의 큰 목적의 성취를 결코 포기하지 않으신다. 사람들이 자유를 많이 누리도록 허락하시지만, 그런 가운데에서도 그분의 목적을 이루신다.

반대 방향으로 가도록 허락하시다

여기서 우리는 이런 질문을 제기하지 않을 수 없다. 주권과 의지가 하나님께 있고, 그분이 그 누구에게도 방해를 받지 않으신다면, 어떻게 인간의 자유의지가 성립되는가? 우선 내 대답은 이렇다. 나는 인간의 자유와 하나님의 주권을 모두 믿는다. 하나님의 주권은 언제나 그분의 뜻대로 행하고 그 뜻을 이루시는 자유다. 인간의 자유는 하나님의 뜻에 '아니오'라고 말하고 그분의 뜻과 반대되는 방향으로 갈 수 있는 그의 권리다. 그렇다면, 이 둘이 어떻게 조화될 수 있을까?

이렇게 조화시킬 수 있을 것이다. 하나님께서 그분의 주권적 자유에 따라 천지와 그 안의 모든 것을 지으셨을 때, 그분은 땅 위에 인간을 만들고 그에게 영혼을 불어넣으시며 이렇게 말씀하셨다.

"이제 너 인간에게 내가 제한된 자유를 주노라. 어느 정도의 한계 안에서 나를 대적할 수 있는 권리를 주노라. 네 자유의지를 사용하라. 내가 주권적으로 선포하노니, 네가 네 뜻대로 행하는 것이 내 뜻이니라."

인간이 하나님을 대적할 때, 그는 그분이 그분의 주권에 따라 그에게 주신 자유의지를 행사하는 것이다. 예를 들어보자. 하나님께 등을 돌리고 그분의 아들을 은 삼십에 팔아넘긴 가룟 유다의 행동은 하나님께 받은 자유를 사용한 것이었으며, 동시에 그분의 뜻을 이루어드린 것이었다. 그의 행동은 하나님의 주권을 무력화하지 않으면서도, 그분이 그분의 주권에 따라 그에게 주신 제한된 자유를 행사한 것이었다.

우리가 그분께 순종하기를 거부한다면, 그것은 그분이 그분의 주권에 따라 우리에게 주신 권리를 사용하여 행하는 것이다. 이것이 그분의 제2의지다. 물론 그렇다고 해서 모든 이들이 구원 얻을 것이라는 말은 아니다. 회개하고 예수 그리스도를 믿고 거듭난 사람들만이 구원 얻을 것이다. 자유를 부여받은 인간은 항해 중인 배의 작은 갑판 위에서 자기의 선택에 따라 행동할 수 있는 권리를 갖고 있다. 만일 그가 하나님의 뜻에 거역하는 선택을 한다면, 그렇게 할 수 있다. 그것은 그분이 "너에게는 원하는 대로 할 수 있는 자유가 있다. 나는 네게 자유를 주었다"라고 말씀하셨기 때문이다.

인간이 하나님을 향해 주먹을 불끈 쥐고 반항해도, 그를 향한 그분의 뜻이 무력화되는 것은 아니다. 오히려 그는 그분께 받은 선물, 즉 그의 자유에 따라 행하는 것일 뿐이다. 하나님께서는 그분이 창조하신 남자들과 여자들을 타락한 피조물로 대하신다. 그분의 이런 태도는 그들을 시험하고 가르치고 그들에게 지시하시는 그분의 행동에서 잘 나타난다. "그들이 다 하나님의 가르치심을 받으리라"(요 6:45)라고 예수님이 말씀하셨는데, 그 말씀대로 하나님은 그들을 시험하고 가르치고 그들에게 지시하신다.

가짜 그리스도인의 결말

복음을 들은 사람들이 모두 복음화 되었다고 믿는 것은 큰 잘못이다. 어떤 이들은 하나님이 아무리 말씀하셔도 듣지 않는다. 귀가 있어도 듣지 못하고, 돌 같은 마음이라 순종할 수도 없다. 즐거운 교회 행사들에 참석하기를 좋아하는 사람들이 많지만, 그들의 영혼은 하나님을 향해 전혀 열려 있지 않다. 말씀을 듣지만 말씀에 순종하지는 않는다. 아버지께 가르침을 받지 못하고, 대신 달콤한 말에 조종당해 그리스도를 믿는다는 착각에 빠지기 때문에 결국 가망 없는 교인들이 되고 만다.

달콤한 말로 조종당해 '가짜 그리스도인'이 만들어지는 현상은 일부 교회들이 사람들에게 던지는 메시지, 즉 "오고 싶을 때 오고, 하고 싶은 것을 하라"라는 메시지에서도 나타난다. 이런 행태는 성경에서 벗어난 현대판 이단이다. 이런 것은 성경의 어느 곳에서도 지지를 받지 못한다. 오히려 성경은 "나를 보내신 아버지께서 이끌지 아니하시면 아무도 내게 올 수 없으니"(요 6:44)라는 주님의 말씀을 우리에게 가르쳐준다.

하나님의 사람들이 그분의 임재가 마치 짙은 안개처럼 임할 때까지 기도한 다음에 경외와 두려움과 회개의 분위기를 풍기면서 죄인들을 만난다면 어떻게 될까? 아마도 그 죄인들은 자기들의 죄를 더 이상 참지 못할 것이고, 죽음과 지옥 심판에 대한 생각에 몸서리칠 것이다. 반면, 회심한 자들은 기뻐 떨 것이다. 그러나 우리는 하나님께서 충만히 임하실 때까지 기도하지 않는다. 오히려 사람들을 능숙하게 다루고 친절하게 대해주고 때로는 살짝 겁도 주어서 하나님의 나라 안으로 들여보낸다. 하지만, 그렇게 그 안으로 들어간 이들은 그곳이 어떤 곳인지 알지 못한다.

12 chapter

그리스도의 *지속적 사랑*

그때부터 그의 제자 중에서 많은 사람이 떠나가고

다시 그와 함께 다니지 아니하더라

요 6:66

"하늘의 아버지! 저를 그토록 지속적으로 찾으신 것을 감사하나이다. 제 마음과 삶을 당신께 바치나이다. 제가 행하는 모든 일이 주 예수 그리스도를 통해 당신께 기쁨을 드리게 하소서. 예수님의 이름으로 기도하나이다. 아멘."

예수님을 따르던 자들이 왜 그분을 떠나갔는가? 그것은 바로 예수님 때문이었다! 그분은 담대히 복음을 제시하셨고, 그것 때문에 많은 추종자들이 등을 돌렸다. "대중을 설득해서 그리스도를 받아들이게 하려면 그들의 기대에 부응하도록 복음을 손보고 묽게 해야 한다"라고 말하는 현재의 철학에 우리 주님은 결코 동의하지 않으실 것이다.

현재 어떤 교회들은 쉽게 기억되는 재미있는 음악을 사용하면서, "이런 음악을 통해 사람들을 그리스도에게 인도할 수 있기를 바랍니다"라고 말한다. 그러나 나는 그런 교회의 목회자들에게 "당신의 교회에서는 누가 누구를 회심시켰습니까?"라고 묻고 싶다. 그 목회자들이 열정 넘치는 뜨거운 음악으로 교인들을 회심시켰는가, 아니면 교인들이 목회자들을 회심시켰는가? 어느 쪽이 어느 쪽을 회심시켰는지 나는 알 것 같다.

믿음은 성공을 보장하지 않는다

그리스도의 십자가 사건 이후 그리스도인들은 화형을 당하거나, 물에 빠뜨리는 죽임을 당하거나, 사자 밥이 되거나, 감옥에서 썩다가 참수형을 당하면서 로마제국을 회심시켰다. 로마인들은 그리스도인들을 그토록 참혹하게 박해하면서도,

한편으로는 회심을 통해 꾸준히 그리스도에게 돌아왔다.

그러다가 콘스탄티누스 대제(약 272-337, 기독교를 공인한 로마의 황제)의 시대에 기독교가 공인되자 더 이상 그리스도인들의 목이 날아가지 않게 되었다. 하지만 그들은 로마세계에 순응했고, 능력이 날아갔다. 그럼에도 우리 주님은 그분의 교훈을 바꾸지 않으셨다.

그리스도에 대한 사람들의 반응은 둘로 갈라졌다. 그분을 말씀 그대로 믿는 자들이 있었고, 그분을 완전히 거부하는 자들이 있었다. 하지만 그리스도인들은 그분의 교훈에 대해 이러쿵저러쿵 변증(辨證)하지 않았다. 베드로는 이곳저곳으로 다니며 "예수님이 '내 살을 먹고 내 피를 마시는 자'(요 6:56)라고 말씀하셨지만, 진심으로 그런 뜻으로 말씀하신 것은 아닙니다"라고 말하지 않았다.

예수님의 기적 때문에 그분을 따랐던 사람들이 많았다. 그들의 눈에는 그분이 하나님과 천국과 그 밖의 다른 영적인 것들에 대해 말씀해주시는 자비롭고 멋진 분으로 보였다. 그들의 마음은 따스해졌고, 그들의 눈에는 틀림없이 이슬이 맺혔을 것이며, 마음속으로는 '아, 이것은 선한 것이다. 이분의 말씀을 더 듣고 싶다'라고 생각했을 것이다. 그랬던 그들이 더 이상 그리스도를 따라다니고 싶어 하지 않으며 집으로 돌아갔다. 왜 그랬을까?

"예수께서 대답하여 이르시되 내가 진실로 진실로 너희에게 이르노니 너희가 나를 찾는 것은 표적을 본 까닭이 아니요 떡을 먹고 배부른 까닭이로다 썩을 양식을 위하여 일하지 말고 영생하도록 있는 양식을 위하여 하라 이 양식은 인자가 너희에게 주리니 인자는 아버지 하나님께서 인치신 자니라"(요 6:26,27).

사람들은 주께 왔지만 그분을 경제적 성공의 상징으로 여기게 되었다. 그와 똑같은 사고방식이 현대 기독교에 이단을 탄생시켰다. 우리는 자본주의와 기독교를 결합시켰고, "이런 경제적 성공을 볼 때, 틀림없이 예수 그리스도는 그분이 주장하신 바로 그런 분이시다!"라고 말한다.

사람들은 이런 식으로 말한다.

"예수 그리스도를 신뢰하기 전에는 무일푼이었던 제가 10년이 지난 지금에는 경제적 성공을 누리고 있습니다."

굳이 야박하게 말하고 싶지 않다. 왜냐하면 나 자신도 어떤 의미에서는 기독교 사업가라고 말할 수 있기 때문이다. 나는 그런 형제자매들을 위해 설교하고, 그들을 사랑하며, 그들을 좋은 친구로 여긴다. 그러나 "당신이 그리스도인이 되면 수입이 늘어날 것입니다"라는 식으로 말하는 것은 너무 저급하다. 성경은 그런 식으로 말하지 않는다. 오히려 그와 정반대로 가르친다.

예수님이 이 땅에 계실 때 그분을 믿었던 그리스도인들, 그리고 사도행전에 나오는 그리스도인들은 경제적으로 성공하지 않았다. 그들의 손에 뭉칫돈이 떨어진 것이 아니었다. 오히려 그들은 그리스도를 위해 모든 것을 잃었다. 하지만 많은 육신적 사람들은 여전히 예수님을 경제적 성공의 상징으로 간주한다. 그러나 예수님은 이런 사람들의 사고방식을 깨뜨리신다.

"나는 너희 무리가 어떤 자들인지 잘 안다. 너희가 나를 따르는 것은 내가 내 식당에서 너희를 평생 공짜로 먹여줄 것이라고 생각하기 때문이다. 너희가 나를 찾는 것은 영적인 이유들 때문이 아니라 떡을 먹고 배부른 까닭이다. 배불리 먹겠다는 것! 그것이 너희가 나를 찾는 이유다!"

하나님의 일은 능력에 좌우되지 않는다

무리가 예수님에게 등을 돌린 두 번째 이유는 요한복음 6장에서 발견된다.

"그들이 묻되 우리가 어떻게 하여야 하나님의 일을 하오리이까 예수께서 대답하여 이르시되 하나님께서 보내신 이를 믿는 것이 하나님의 일이니라 하시니"(요 6:28,29).

"하나님께서 보내신 이를 믿는 것이 하나님의 일이니라"라는 주님의 말씀에는 "너희의 영원한 소망의 근거는 너희의 수고가 아니다. 하나님께서 보내신 이, 즉 나와 올바른 관계를 맺는 것이 너희의 영원한 소망의 근거다"라는 뜻이 들어 있다. 이것은 그분을 따르던 무리에게 큰 충격이었다. 사실 오늘날에도 영생을 얻기 위한 도덕적 노력을 종교의 본질로 간주하는 사람들이 많다. 그들은 영생을 얻기 위해 이것을 행하고 저것을 행하며 수고한다. 이런 희생을 치르고 저런 대가를 지불한다. 선한 일들을 한다. 그러나 그들은 주님이 29절에서 말씀하신 것을 완전히 무시하고 있다. 그들이 다른 무엇보다 먼저 해야 할 일은 그분과의 올바른 관계를 발전시키는 것이다!

그런데 지금 우리에게는 어떤 일이 벌어지고 있는가? 어떤 죄인이 벌떡 일어나 이렇게 말한다고 하자.

"좋습니다, 하나님. 저를 사용하소서. 제 목소리는 아름답고, 제 IQ는 저기 나무꼭대기에 이를 만큼 높습니다. 교육도 잘 받았습니다. 학위들도 가지고 있고, 이것저것 갖춘 것이 많습니다."

이렇게 말하는 사람의 마음속에는 '주님이 저를 가지시면 아주 훌륭한 것을 손에 넣으시는 겁니다'라는 사고방식이 기본적으로 깔려 있다. 그렇다면 이 사람에게 하나님은 어떻게 대답하실까?

"내게는 네가 필요 없다. 나는 수고를 원하지 않는다. 네 활동이 내게는 필요 없다."

구원은 행위에서 나오지 않고, 하나님이 보내신 분과 맺는 올바른 관계에서 나온다. 그분을 보내신 하나님을 믿는 것이 구원이다.

하나님은 거룩의 표적을 원하신다

성경 시대와 오늘날에 사람들이 하나님을 떠나는 또 다른 이유는 요한복음 6장 3절에서 발견된다.

"예수께서 산에 오르사 제자들과 함께 거기 앉으시니"(요 6:3).

사람들은 표적을 원했다. 오늘날에도 이런 부류의 사람들이 있다. 우리가 한두 가지라도 기적을 행하지 않으면, 그들은 우리가 하나님의 자녀라고 믿지 않을 것이다. 예수님 당시 사람들의 태도는 "당신이 당신의 말대로 그런 사람이라면 우리에게 표적을 보여주십시오. 우리의 조상들은 표적을 보았습니다. 그러므로 당신도 표적을 행해주십시오"라는 그들의 말에서 잘 나타난다. 그러나 예수님은 그들의 요청을 단호히 거부하셨다.

교회에 다니는 사람들 중 어떤 이들이 잊고 있는 것이 있다. 그들은 '도덕적 진리'가 있다는 것을 모른다. '기적의 진리'라는 것도 있다. 우리 주 예수님은 과거에나 지금이나 기적을 행하시지만, 무엇을 증명하기 위해 행하시지는 않는다. 어떤 사람이 병에서 고침을 받아 죽지 않고 사는 것이 그분의 뜻이라면, 그분은 그 사람을 고쳐주실 것이다. 그분은 어린 아기를 죽음의 요람에서 살려주실 수 있지만, 어떤 나이든 집사가 그것을 요구하기 때문에 그렇게 하시지는 않는다. 광야에서 40주야를 보낸 후에 마귀를 위해 기적을 행하신다는 것은 그분에게 상상조차 할 수 없는 일이었다. 거기서 그분은 기적 행하기를 세 번이나 단호히 거부하셨다.

세례 요한은 기적을 행하지 않았지만, 광야에서 들리는 양심적 도덕의 목소리였다. 나는 지금 기적을 반대하는 것이 아니다. 나는 기적의 시대가 이미 지나가버리지 않았다고 믿는 사람이다. 우리에게 믿음이 있고, 기적의 필요성이 존재하며, 그 필요가 육신적인 것이 아니라 신령한 것이라면 오늘날에도 주 우리 하나님께서 우리의 기도에 응답하여 기적을 행하실 것이라고 나는 믿는다. 우리가 마땅히 되어야 할 그런 존재로 변해 있다면, 살아 있는 자들의 땅에서 주님의 기적을 더 많이 보게 될 것이다. 그분의 신자들에게 주어질 유일한 표적이 바로 그분 자신이시라는 것을 나는 잘 안다.

그분이 오셨고, 피를 흘리셨고, 죽으셨고, 부활하셨다는 것이 하나님의 도덕적 증거다. 성령이 소리 없이 번쩍 하는 번개처럼 하늘로부터 임하셔서 사람들의 마음속으로 들어갔을 때, 그 누구도 예수님이 그리스도시라는 것에 이의를 제기할 수 없었다. 그들은 자리에서 일어나 그분이 그리스도이심을 전했다. 그때나 지금이나 그분 자신이 그분에 대한 증거이시다.

이 세상에게 주어질 수 있는 가장 거룩한 표적은 악한 세상에서 올곧게 살아가는 남자이며, 더러운 세상에서 깨끗하게 살아가는 여자이며, 더러운 학교에서 마음과 생각과 몸을 깨끗이 지키는 학생들이다. 우리가 보여줄 기적이 있다. 당신이 보여줄 표적이 있다. 나를 통해 나타날 기사(奇事)가 있다. 우리가 제시할 수 있는 증거가 있다. 거룩함 자체가 증거이며, 의로움 자체가 표적이다. 이제까지 그 누구도 의(義)에 대한 변명이나 설명을 성공적으로 제시하지 못했다.

죄인을 구원하러 오신 예수님

사람들은 기독교를 원하지만, 그들이 원하는 복음은 서로 던지고 받는 놀이 같은 복음이다. 마음대로 숨길 수 있고, 손으로 가지고 놀 수 있는 것들 말이다! 그러나 예수님은 그런 복음을 그들의 손에서 빼앗아 "내가 주권적 하나님이다. 내가 주관하고 내 아버지께서 주관하신다"라고 말씀하시며, 그것을 도덕적으로 준비된 사람들에게 주셨다.

예수님은 '도덕적 준비'라는 것이 있음을 사람들에게 가르치셨다. 그렇게 하신 것은 선한 자들을 속이기 위해서가 아니라 악한 자들을 구원하기 위해서였다. 여기서 악한 자들이라 함은 자기가 악하다는 것을 깨닫는 자들이다. 자신의 악을 깨닫는 것이 도덕적 준비다. 주님은 의로운 자들을 구원하기 위해 오신 것이 아니라, 자기가 죄인임을 아는 자들을 구원하기 위해 오셨다. 자기가 죄인임을 알고, 얼마나 악한 자인지 알며, 하나님의 음성에 마음의 문을 여는 자는 여전히 죄인이기는 하지만 구원받을 준비가 되어 있다.

그러나 경박하고, 진정성 없고, 피상적이고, 얄팍한 자들은 종교를 주크박스(jukebox: 돈을 넣으면 선곡한 음악이 나오는 기계)로 여긴다. 그들은 "10센트짜리 동전을 넣고 버튼을 눌러서 '주크박스 종교'를 구매하라"라고 말한다.

예수님은 죽어가는 사람들의 손에서 종교를 빼앗으며, "전능의 하나님이 사람들 중에 계시다. 성령을 통해 그분은 준비된 자들에게 손을 뻗어 그들을 찾으신다"라는 의미의 말씀을 하셨다. 준비된 자들이란 말씀을 듣고 경청하며 자신이 얼마나 악한지를 깨달은 자들을 가리킨다. 이것이 회개에 이르는 도덕적 준비이다. 그러나 그분을 따르던 자들 중 많은 자들이 이런 메시지를 듣고 집으로 가버렸다.

복음을 들었지만 예전 삶으로 돌아간 사람들이 많다는 것을 나는 잘 안다. 요한복음 6장 53-58절의 말씀은 우리에게 시사하는 바가 많다. 예수님을 따르던 무리는 손으로 잡아서 상표를 붙이고 자기의 치수에 맞게 잘라서 편하게 입을 수 있는 종교를 원했다. 그러나 주님은 "너희가 그런 식으로는 구원을 얻을 수 없다. 너희는 나를 통해 구원을 얻든지 아니면 못 얻는 것이다"라는 취지로 말씀하셨다.

하나님의 진리는 변치 않고 유효하다. 우리는 그 말씀 그대로 믿어야 한다. 그렇지 않으면 멸망할 것이다. 예수님의 시대 사람들은 "우리는 저런 교훈을 받아들일 수 없다"라고 말했다.

주 예수 그리스도를 섬기는 것이 '종교를 입는 것'에 기반을 두고 이루어진다면, 그분을 올바로 섬기는 것이 아니다. 먹을 것이 없는 처지가 되어도 그분을 섬길 수 있는 정도가 되어야 진정으로 그분을 섬기는 것이다. 주님은 "육은 무익하니라"(요 6:63)라고 말씀하셨다. 셔츠와 코트를 맞추어 입지 않고는 하나님을 섬길 수 없다고 생각하는 사람은 그분을 섬기는 것이 아니라 육신을 섬기는 것이다.

우리 모두를 향한 그분의 사랑의 놀라운 점은 그분이 언제나 변함없이 동일하시다는 것이다. 나를 그리스도에게 이끌어 온 것이 또한 나를 그리스도 안에 계속 머물게 한다.

13 chapter

그리스도의 충실한 사랑

예수께서 열두 제자에게 이르시되 너희도 가려느냐

시몬 베드로가 대답하되 주여 영생의 말씀이 주께 있사오니

우리가 누구에게로 가오리이까

우리가 주는 하나님의 거룩하신 자이신 줄 믿고 알았사옵나이다

요 6:67-69

"오, 아버지! 예수님을 향한 제 충성심이 흔들린 적이 있었습니다. 제 연약함 때문에 끝까지 버티지 못했지만, 당신의 은혜와 성실하심 때문에 저는 당신께 이르는 충성의 길을 계속 갈 수 있나이다. 예수님의 이름으로 기도하나이다. 아멘."

예수님이 이 땅에 계셨을 때 많은 이들이 그분에게 감동을 받아 그분을 따랐다. 그분이 큰 충격을 주셨기 때문에 거의 모든 사람들이 그분에 대해 이야기했다. 그분은 당시 유명인사셨다고 말해도 과언이 아니다.

그러나 복음서들을 읽을 때 우리는 그분을 따르던 자들 중 많은 이들이 천천히 그분을 떠났다는 것을 알게 된다. 아마 그들은 "예수는 내가 따라다닐 만한 가치가 있는 사람인가?"라는 의문을 가졌던 것 같고, 결국 그분을 따르는 것이 시간 낭비라고 결론 내렸던 것 같다.

그들과 같은 사람들이 최근에 교회 출석자들 중에서도 많이 발견된다. 이런 사람들은 여전히 등록교인의 지위를 유지하고, 십일조를 드리고, 심지어 선교헌금도 드린다. 하지만 그들의 마음은 더 이상 주님을 따르지 않는 상태에 이미 이르고 말았다. 그들의 마음은 이미 떠났다. 그분에게서 육신의 발걸음마저 돌리는 일이 아직 일어나지 않았을 뿐이다.

어디로 가고 있는가

이 책의 바로 앞 장(章)에서 보았듯이, 성경에는 "그의 제자 중에서 많은 사람이 떠나가고"(요 6:66)라고 기록되어 있다.

이것은 읽기에 두려운 말씀이다. 주께 등을 돌리고 떠난 사람들 중에서 발걸음을 멈추고 "내가 지금 어디로 돌아가는 거지?"라고 생각해본 사람은 아무도 없었을 것이다.

예수님을 따르던 사람들은 그분과 어울렸다. 그들은 틀림없이 그분의 충실한 사랑의 따스함이 마치 봄날의 햇볕 같다고 느꼈을 것이다. 그분의 눈을 들여다보았을 때에는, 그 어떤 것이 그분의 눈에서 나와 자기들의 눈으로 들어오는 것 같다고 느꼈을 것이다. 차분하고 듣기 좋은 그분의 설교는 그들의 귀에 즐거움을 주었을 것이다.

그렇다! 예수님의 친구들은 그분과 함께 걸었고 그분 곁에 서 있기도 했다. 그분의 이름을 친근하게 불렀거나, 아니면 '가르치는 자'에게 주어지는 '선생님'이라는 존칭으로 그분을 불렀을 것이다. 그러나 그분을 온전히 따르기 위해 치러야 할 대가가 무엇인지를 알게 되었을 때 많은 이들은 그분을 떠나기로 마음먹었다. 그렇다면, 그들은 그분을 떠나 어디로 돌아가는 것이었을까?

내가 보기에 그들이 돌아갈 곳은 다음과 같은 두세 가지일 것이다.

첫째, 그들은 그들의 죄로 돌아가고 있었다. "개가 그 토하

였던 것에 돌아가고 돼지가 씻었다가 더러운 구덩이에 도로 누웠다"라는 베드로후서 2장 22절의 말씀처럼, 그들은 그들의 죄로 돌아가고 있었다.

둘째, 그들은 그들의 외로움과 굶주림으로 돌아갔다. 한 번이라도, 짧게라도 그분과 동행해본 사람이 그분에게서 멀어지면 외로울 수밖에 없다. 그분이 없다면 우리도 생명의 떡을 먹지 못하게 되는데, 이것은 "내게 오는 자는 결코 주리지 아니할 터이요"(요 6:35)라는 그분의 말씀에서도 증명된다.

셋째, 그들은 그들의 두려움으로 돌아갔다. 왜냐하면 우리의 두려움을 제거해주시는 예수님을 떠났기 때문이다. 오늘날의 사람들도 그분이 없다면 그들의 두려움과 후회로 돌아가게 될 것이다.

예수 그리스도를 따르지 않고 그분을 떠나려는 자가 있다면, 그는 그분을 떠난 삶이 어떤 것인지를 분명히 생각해보아야 한다. 그분 없는 삶에는 바람직한 것이 단 하나도 없다고 나는 단언한다!

베드로의 고백

예수님은 그분을 따르던 자들 중 많은 이들이 떠나는 것을 보신 다음에 그분이 사랑하시는 열두 제자들에게 "너희도 떠나려느냐?"라고 물으셨다. 인간 예수께서는 '마지막 제자까지 나를 떠나고 나만 홀로 실패자로 남는 것은 아닌가?'라는 두렵고 무서운 생각에 사로잡히셨을 지도 모른다. 만일 그랬다면 그것은 마음이 찢어지는 고통이었고, 갈보리 십자가 이전의 또 하나의 십자가였을 것이다. 그런데 갈보리 십자가 이전의 십자가는 그것만이 아니었다. 예를 들면 베드로가 그분을 부인한 것, 가룟 유다가 그분을 판 것, 그리고 그분의 제자들이 그분을 버리고 도망한 것도 십자가였다.

많은 이들이 예수님을 떠난 후에 베드로의 입에서 나온 고백이 나는 너무 좋다. "우리가 누구에게로 가오리이까"(요 6:68)라는 고백 말이다! 처음에 나는 베드로가 충동적으로 맹목적인 충성심을 보인 것이 아닌가 생각했었다. 그러나 경건한 마음으로 기도하면서 묵상한 후에 베드로의 대답에 담긴 충성심이 어떤 정치인의 지지자들이 보일 수 있는 충성심과는 다르다고 생각하게 되었다. 즉, 베드로의 충성심은 자기가 지지하는 정치인의 패색이 짙어지는 상황에서도 마지막 투표지의 계산이 끝날 때까지 그 정치인에게 낙관적 생각과 희망을 계속 불어넣는 지지자들의 충성심과는 달랐다. 베드로는 사람들이 예수님을 갈보리 언덕의 십자가로 몰고 가기 전에 그분의 마음의 상처를 달래드리고 그분을 위로하기 위해 그런 말을 했을까? 나는 그렇게 보지 않는다.

내가 볼 때, 베드로도 그분을 떠나고 싶은 유혹을 느꼈을지 모른다. 그분의 말씀, 그분의 삶 그리고 사람들에게 제시된 그분의 요구에 대해 여러 날 동안 계속 이어진 논란이 결국 최고조에 달했을 때 무리 중 많은 이들이 그분을 떠났을 것이다. 물론 베드로는 사람들이 그분에 대해 수군거리는 말을 들었다. 어쩌면 그들의 대화에 끼어들었지도 모른다. 아마도 그는 '내가 내 아버지의 고기잡이배를 버려두고 이 사람을 따른 것이 잘한 일인가? 갈릴리와 유대의 산들과 평지를 두루 다니는 이 신기하고 이상한 사람을 따라다닌 것이 옳은 일인가?'라는 생각에 잠겼을 것이다. 그는 분명히 자기의 마음을 깊이 살폈을 것이다.

그런데 감사하게도 그는 예수님 말고 그 어딘가로, 다른 누구에게로 갈 수 없다고 결론 내렸다. 그가 "우리가 '무엇'에게로 가오리이까"라고 말하지 않고, "우리가 '누구'에게로 가오리이까"(요 6:68)라고 말했다는 점에 주목하라. 즉, 비인격적 존재인 '무엇'을 가리켜 말하지 않고 인격적 존재인 '누구'를 가리켜 말한 것에 주목하라.

베드로가 예수님과 함께 다닌 후에 그의 마음에 형성된 것은 '누구'였다. '무엇'이나 '종교'나 '신경'(信經)이 형성된 것이 아니었다. 다시 말하지만, 그는 "우리가 '무엇'에게로 가오리이까"라고 말하지 않고, "우리가 '누구'에게로 가오리이까"라고 말했다. 다른 사람들은 '무엇'을 찾아 그분을 떠났지만, 베드로의 마음속에는 인격적 존재가 들어와 계셨던 것이다!

그렇다! 우리가 예수님 말고 그 어디로, 그 누구에게로 갈 것인가? 그분 당시에 누군가 "나는 좀 더 화려하고 멋진 종교로 돌아갈 것이다"라고 말했을지도 모른다. 누군가 실제로 그렇게 말했는지 아닌지 나도 모르겠지만, 예수님의 소박한 메시지는 틀림없이 사람들에게 걸림돌이 되었을 것이다. 수염을 길게 기르고 긴 옷을 입은 사람이 길모퉁이에 서서 길게 기도하면, 무엇인가 대단한 종교적 분위기를 풍기는 것이 사실이다. 사람들이 노래를 부르며 신전의 계단을 오르고 제사장이 제사를 드리는 것이 사람들의 마음에 극적인 효과를 만들어내는 것도 사실이다. 그러나 이런 모든 것들은 오로지 육신에게 큰 감동을 줄 뿐이다.

참된 믿음에는 비난이 따른다

한 조용한 분이 이 세상으로 오셨고, 그분은 사람들이 영과 진리로 그분을 예배해야 하며, 외형적 종교는 죽은 자의 뼈가 가득한 무덤 같다고 말씀하셨다(마 23:27). 그리고 그분은 요한복음 6장 53절과 마태복음 15장 19절에서 다음과 같은 말씀도 하셨다(다음은 내가 표현을 약간 바꾼 것이다).

"너희가 하나님의 아들의 살을 먹지 아니하고 그의 피를 마시지 아니하면 너희 속에 생명이 없느니라."

"사람들의 마음에서 나오는 것은 악한 것이니라."

아마도 사람들은 이해하기 어려운 이런 말씀들 때문에 실망하거나 혼란스러웠을 것이고, 그래서 화려한 모습을 연출하는 외형적 종교로 돌아가기를 원했을 것이다. 그러나 나는 그런 종교에 내 시간을 낭비하고 싶은 생각이 조금도 없다.

만일 당신이 최신 유행의 장식으로 꾸며진 교회를 원한다면, 멀리 가지 않아도 당신을 완전히 만족시켜줄 교회를 찾을 수 있을 것이다. 멋지고 웅장한 교회를 원한다면 세상에는 그런 교회들이 넘친다. 그런 교회들은 필요 이상의 화려한 장식에 엄청난 돈을 쏟아 부어 만들어진 교회들이다. 그러나 이런 모든 것들에도 불구하고 무덤에서 잠자는 남자들과 여자들을 하나도 깨우지 못한다. 화려한 종교는 사람의 마음속에 있는 슬픈 죄를 씻어주지 못한다. 뼈아픈 후회를 조금도 덜어주지 못하고, 마음속의 죽음의 그림자를 걷어주지 못한다. 영혼을 깨끗케 하거나 영을 씻어주지 못한다. 그럼에도 불구하고 어떤 이들은 종교라는 것이 화려한 모습을 연출해야 한다고 믿는다. 그러나 복음을 믿는 교회들의 소박함은 다른 사람이 아닌 바로 예수님의 소박함에서 나온다.

살인죄를 뺀 나머지 어떤 죄를 범해도 교회에서 당당하게 행세하는 교인으로 받아들여질 수 있는 교회들이 있다. 영적 당혹감을 전혀 느끼지 않고 얼마든지 다닐 수 있는 교회들이 있다. 그런 교회들에서는 하나님의 말씀을 달착지근하게 가르치고, 마치 집에서 기르는 고양이가 기분 좋을 때 내는 소리 같은 낮고 부드러운 음성으로 설교가 선포되기 때문에 모든 것이 매끄럽고 사랑스럽다. 다시 말하지만, 그런 교회들이 분명히 있다.

당신이 천국에 가기를 원치 않거나, 어린양을 따르고 싶지 않거나, 십자가 지기를 원치 않는다면 그런 교회들에 다녀도 전혀 문제될 것 없다. 그러나 명심하라! 참된 그리스도인은 그리스도의 원수들에게 비난의 말을 듣지 않을 수 없다. 참된 그리스도인은 "당신은 구식 사람이군요. 어찌 당신 같은 사람이 있는지 참 신기합니다"라는 조롱의 말을 반드시 듣게 되어 있다. 그러므로, 정말 이상한 것은 바로 당신이다. 현재 당신은 교회를 다니면서도 십자가도 모르고, 원수도 없고, 좁은 길도 모르고, 발에 가시도 없고, 마음으로 십자가도 못 느끼고, 고난도 없고, 위험에 처하지도 않고, 어떤 것도 잃어버리지 않는다. 교회도 교인인 당신에게 "회심했습니까?"라고 묻지 않는다.

오늘날 어떤 이들은 그리스도의 요구가 너무 가혹하다고 느끼고 가시가 너무 날카롭다고 느낀다. 편하게 다닐 수 있는 교회와 편하게 믿을 수 있는 종교를 선택해서 편한 길을 가기 원하는 사람들이 많다. 그러나 당신이 돌아가기를 원한다면 결국 무엇에게로 돌아가게 될 것인지를 진지하게 생각해보라. 그리스도를 떠나는 것은 죄, 번뇌, 마음의 짐, 어둠, 무덤 그리고 심판으로 돌아가는 것이다.

14 chapter

그리스도의 확신 넘치는 사랑

예수께서 이르시되 내 때는 아직 이르지 아니하였거니와

너희 때는 늘 준비되어 있느니라 세상이 너희를 미워하지 아니하되

나를 미워하나니 이는 내가 세상의 일들을 악하다고 증언함이라

요 7:6,7

"오, 아버지! 그리스도 안에서 제가 확신을 가질 수 있는 것에 대해 감사하나이다. 온 세상이 저를 대적해도 저는 주 예수 그리스도의 품 안에서 확신과 위로를 얻나이다. 그리스도의 고귀한 이름으로 기도하나이다. 아멘."

여기서 우리는 주님이 그분의 아버지 하나님 안에서 얼마나 흔들림 없는 확신에 차 있었는지를 보게 된다. 그분은 사람들의 여론에 전혀 영향을 받지 않고 자유로우셨다. 자신의 명성을 유지하기 위해 무모한 언행을 일삼는 것이 그분에게는 없었다.

그분처럼 자유롭고 안정되고 자신감 넘치는 것이 좋은 일이다. 어떤 사람이 "아멘!"이라고 말하든 말든 자유롭게 "아멘!"이라고 말하는 것은 좋은 일이다. 다른 사람들이 전부 흥분해서 날뛸 때 혼자 차분하게 있거나, 모든 사람들이 뛰고 있을 때 가만히 서 있을 수 있는 것은 좋은 일이다.

대부분의 경우, 우리는 다수의 견해에 동조한다. 특히 그리스도 안에서의 형제자매와 보조를 맞춘다. 그러나 우리 주 예수님은 사람들의 견해에 휘둘리지 않으셨다. 사람들이 그분께 "여기를 떠나 유대로 가소서"(요 7:3)라고 말했을 때 그분은 "나는 유대로 가지 않고 갈릴리에 머물겠노라"라고 대답하셨다.

주님은 "내가 유대로 가지 않으면 누군가 나를 겁쟁이라고 부르지 않을까?"라는 염려에 사로잡히실 수 있었지만, 그러지 않으셨다. 만일 그분이 유대로 가셨다면 그것은 그분을 겁쟁이라고 비난할 수도 있는 자들에게 굴복하는 것이었고, 하나님의 뜻에도 어긋나는 것이었다. 그분은 하나님 안에서 자신에 대해 온전히 확신이 있으셨기 때문에 갈릴리에 머무셨다.

모든 이들이 어떤 것을 행하지만 당신에게는 그것이 옳지 않다고 생각되면, 당신의 확신에 따라 행동하라. 우리는 너무나 자주 누군가에게 조종을 당해 하나님이 우리에게 원하시지 않는 일을 행하곤 한다. 우리는 사람들의 말에 너무 신경을 쓴다.

그러나 예수님은 사람들이 하는 말에 신경 쓰지 않으셨다. 그분이 갈릴리에 머무신 것은 정해진 때가 이르기 전에 자신을 위험에 빠뜨리는 것을 피하기 원하셨기 때문이다. 우리 주님은 함정 속으로 발을 들여놓기를 거부하셨다. 그분을 공격하려고 유대에 숨어 있는 자들의 손아귀에 빠져드는 것을 거부하셨다. 그런 그분을 향해 사람들이 겁쟁이라고 말할 것임을 아셨지만, 하나님 안에서 완전히 자유로우셨기 때문에 그들이 마음대로 생각하고 지껄이도록 내버려두셨다.

두려움 없이 행하신 예수님

예수님은 두려움을 모르셨다는 것을 기억하자. 그분이 헤

롯 왕에게 반기를 들며 그를 "저 여우"라고 부르실 수 있었던 것은 두려움이 없으셨기 때문이다. 물론, 그분은 정해진 때가 도래했을 때 예루살렘으로 올라가셨다.

그분은 사람들에게 "나는 예루살렘으로 올라가 유대인들의 손아귀에 들어갈 것이다. 그들은 나를 이방인들에게 넘겨주어 십자가에 못 박게 할 것이고, 나는 삼일 동안 땅 속에 있을 것이다"(참고, 마 20:18,19)라고 말씀하셨다. 그분은 그들을 두려워하지 않으셨다. 담대히 예루살렘으로 올라가셨고, 하나님의 뜻 안에서 자신이 감당해야 할 일을 행하셨다. 겁쟁이라는 비난을 받는 것을 두려워하지 않으셨고, 실제로 겁쟁이도 아니셨다. 그분은 하나님이 보시기에 옳으셨다.

주님에게서 배울 수 있는 것을 배우자. 주님의 사람들 중에는 다른 사람들의 양심의 기준을 지나치게 의식하여 어떤 일을 행하는 사람도 있다. 이런 사람은 남들로부터 "저 사람은 말과 행동이 일치하지 않는 것 아니냐?"라는 비난을 들을까봐 걱정한다. 그러나 그는 자유롭게 "하나님, 저를 인도하소서"라고 말씀드릴 수 있어야 하고, 또 그를 비난할 가능성이 있는 사람들에게 "하나님이 나를 인도하고 계십니다. 그분이 내게 원하시는 것은 당신이 내게 원하는 것과 다릅니다"라고 자유롭게 말할 수 있어야 한다.

그렇게 하신 분이 바로 예수님이시다! 그분은 빌라도 앞에 섰을 때도 두려움이 없으셨다. 빌라도 앞에 서기 전, 그분은 겟세마네 동산에서 "땀이 땅에 떨어지는 핏방울같이"(눅 22:44) 될 정도로 기도하셨다. 그분은 중심을 잡아 흔들림이 없으셨고, 자신감에 차 있으셨고, 여론이나 다른 사람들의 양심의 기준에 영향을 받지 않으셨고, 차분히 죽음의 길을 가셨다.

심지어 그분은 사람들의 선의(善意)에서 나온, 그러나 잘못 방향을 잡은 동정심 때문에 방향을 바꾸지도 않으셨다. 자기가 할 일을 하셨고, 그것으로 모든 것을 끝내셨다. 지금 우리가 제일 먼저 배워야 할 교훈은 하나님의 사람들이 서로의 잘못된 속박에서 벗어나야 한다는 것이다.

예수님을 알지 못한 자들

예수님 시대의 사람들은 자신의 생각에 따라 그분을 해석했다. 그들은 "당신이 행하는 일을 제자들도 보게 여기를 떠나 유대로 가소서 스스로 나타나기를 구하면서 묻혀서 일하는 사람이 없나니 이 일을 행하려 하거든 자신을 세상에 나타내소서"(요 7:3,4)라고 말했다.

그들은 이기심 없는 이 분을 이해하지 못했다. 유대로 올라가는 문제에 있어서 이기적 동기도 없고 무엇을 얻으려고 하지도 않는 이 분을 어떻게 평가해야 하는지조차 알지 못했다. 주님이 이 땅에 오신 것은 사람들을 위해 죽기 위함이셨다. 정치적으로나, 심지어 종교적으로 그들을 그분의 편으로 만들기 위함이 아니었다. 그들을 구원하기 위해 죽는 것이 그분이 이 땅에 오신 목적이었다!

예수님은 진짜 냉소주의에 직면하셨다. '냉소주의자'라는 말은 '개'(犬)라는 뜻의 헬라어에서 유래한다. "세상에 돈 싫다는 놈 있느냐? 돈 앞에서는 도덕이고 나발이고 없다"라는 마귀의 말을 받아들이는 철학자가 바로 오늘날의 냉소주의자이다. 고대 그리스의 쾌락주의 철학은 "모든 사람은 자기의 목적을 이루기 위해 행동한다. 우리의 모든 활동은 우리의 목적을 이루기 위한 것이다"라고 말했다.

이런 쾌락주의와 냉소주의는 장구한 세월 동안 이어져 내려왔다. 이것들은 위대한 철학자들에 의해 비판 받았지만, 그럼에도 불구하고 인간의 본성 속에서 늘 이어져 왔다.

누군가가 이렇게 말했다.

"길모퉁이의 걸인에게 누군가 돈을 넣는다면, 그것은 그 불쌍한 사람을 돕기 위함이 아니라 자기의 마음을 편하게 하기 위함이다."

이런 식으로 말하는 것이 바로 냉소주의다. 이것은 마귀의 논리, 즉 "세상에 돈 싫다는 놈 있느냐? 돈 앞에서는 도덕이고 나발이고 없다"라는 논리와 같은 것이다.

여기서 우리가 배울 수 있는 것은 두 가지다.

첫째, 다른 이들의 동기를 판단할 때에는 신중해야 한다는 것이다. 어떤 사람이 왜 그 일을 행하는지에 대해 완전히 알기는 어렵다. 그것을 안다고 생각하겠지만, 그렇지 못할 수도 있다. 특히 그가 하는 일에 공감하지 못하면 이해조차 하지 못할 수도 있다. 그러므로 적당한 때가 이르기 전에는 서로의 동기에 대해 판단하지 말자.

둘째, 당신을 이해해주지 못하는 사람들이 바로 당신의 가족이라는 것이다. 이런 일을 이해하기는 힘들다. 어째서 우리의 가족이 우리를 믿어주지 않는가? 예수님의 어머니에게서 난 그분의 형제들은 그분을 믿지 않았다. 그분의 형제들은 그분의 제자가 아니었다. 그들은 그분과 함께 성장했고, 그분과 함께 놀았고, 그분의 성장을 지켜보았다. 그런데 그들은 오히려 "뭐라고? 우리는 예수를 안다. 그는 우리 형제다. 도대체 그가 무엇을 알겠느냐? 우리도 예수만큼 안다"라고 말했다. 인간적인 관점에서는 그들의 말이 맞지만, 사실은 틀렸다. 그들이 그분을 주님으로 영접하지 않았기 때문이다. 인간으로서의 예수님, 즉 인간 그리스도는 그분의 형제들이 그분을 믿지 않는다는 사실을 받아들이기 힘드셨을 것이다. 그분은 그들에게 "세상이 너희를 미워하지 아니하되 나를 미워하나니"(요 7:7)라고 말씀하셨다.

하나님을 대적하는 세상의 영

그분이 왜 이렇게 말씀하셨을까? 그것은 그들이 세상의 한 부분이었기 때문이며, 내부적으로 분열된 집은 무너질 수밖에 없기 때문이다. 세상 사람들은 서로 코피 터지게 싸워도 근본적으로는 한 영이다. 그렇기 때문에 우리가 그들에게 "거듭나지 못한 세상에서 살고 있는 영은 반그리스도적이고 반신적(半神的)이다"라고 아무리 말해도 잘 이해하지 못한다. 그래서 사도 바울은 그의 편지들에서 "세상에 거하는 영은 하나님과 그리스도에게 적대적이다"라고 여러 번 강조한다.

많은 사람들이 거듭난 자들과 불신자들 사이의 평화적 공존을 말하지만, 이것은 허상이다. 실상은, 육신으로 난 자들이 성령으로 난 자들을 오늘날도 핍박한다는 것이다!

이런 평화적 공존은 하나님의 사람들이 수치스럽게 타협할 때만 유지된다. 그리스도는 온전히 세상의 영과는 다른 영, 즉 성령으로 나신 분이다. 두 영은 서로 완전히 적대적이다. 이 사실을 사람들이 왜 이해하지 못하는지 나는 이해하지 못하겠다. 지극히 간단하고 성경적인 것인데 말이다!

이것은 성도들의 글에서 발견되며, 그리스도 교회가 가진 신학의 일부다. 신약의 오순절 사건에서부터 오늘날에 이르기까지 성도들이 믿어온 전통적인 복음주의적 믿음이다. 하지만 유감스럽게도, 오늘날의 사람들은 이를 깨닫지 못한다.

성경의 분명한 교훈을 세상 사람들에게 말해줄 때마다 나는 내가 이 시대의 사람들과 맞지 않는다고 느낀다. "거듭난 사람들 안에는 성령께서 거하시지만, 세상은 반신적이고, 반그리스도적이고, 하나님께 적대적이고, 그분의 법에 굴복하지 않으며, 그렇게 할 수도 없다"라는 것이 성경의 명백한 가르침이다!

우리가 거듭 날 때, 세상에 적대적인 그 무엇이 우리 안으로 들어온다. 세상에서 가난하고 고통당하고 죽어가는 사람들에게 적대적이 아니라, 세상에 가득한 가인(Cain)의 종교에게 적대적인 것이다. 육으로 난 자가 영으로 난 자를 핍박한다. 주님이 무리 가운데로 오셨을 때, 무리는 그분 때문에 자기정죄에 빠지지 않을 수 없었다. 스스로를 정죄하지 않을 수 없는 자는 자기를 그렇게 만드는 것이 무엇이든지 간에 그것을 용서하지 않는다. 이 사실을 명심하라.

당신이 사람들에게 종교를 가르친다면, 그들은 당신의 말을 더 듣기 위해 다시 찾아올 것이다. 그런데 당신이 성령충만하여 하나님과 동행하면서 그리스도를 닮은 깨끗한 삶과 행동과 모습을 죄인에게 보여준다고 가정해보자. 그럴 경우, 그런 당신을 본 그는 왠지 마음이 찔려서 자기혐오와 자기정죄에 빠지게 될 것이며, 주변 사람들은 그가 회개할 것인지에 대해 관심을 갖고 그를 주목하게 될 것이다. 그가 죄 사함을 얻을 수 있는 길은 그의 영혼에 회오(悔悟)가 임하고, 그가 그의 하나님 앞에 엎드려 소망을 발견하는 것뿐이다.

우리는 단지 성도들을 위로해주고, 그들에게 자신감을 불어넣고, 그들의 육신적 생각에 동조해주고, 그들의 깊은 육신적 욕망에 비위를 맞추는 집회에는 관계하지 않겠다고 결심해야 한다. 우리가 어떤 사람의 죄에 대해 비판적 태도를 취하면, 그는 우리의 그런 태도 때문에 정죄 당한다고 느끼고, 우리에게 분노할 것이다.

중립지대는 없다

지금 우리는 종교의 자유를 누리고 있다. 그러므로 당신이 하나님에 대해 선한 말을 하는 것은 정당하다. 그러나 그분에 대해 선한 말을 하는 것과 사람들이 당신의 숨소리만 들어도 마음이 찔려 자기정죄에 빠질 정도로 당신이 하나님으로 충만한 것은 다르다. 그들은 그들을 자기정죄에 빠뜨리는 당신을 용서하지 않을 것이다.

종교가 인류에게 좋은 것이라고 아무리 말해도 사람들은 전혀 당신에게 분노하지 않을 것이다. "지역 사회마다 교회들이 있어야 합니다"라고 말하면, 그들은 고개를 끄덕이며 "옳은 말씀입니다"라고 대답할 것이다. "미국 건국의 기초가 된 가르침과 도덕성이 회복되어야 한다고 나는 믿습니다"라고 말하면, 모든 이들이 고개를 끄덕이며 "옳은 말씀입니다. 좋은 말씀이에요"라고 말할 것이다.

그러나 당신이 가인의 종교(얄팍한 철학과 애국심의 종교)에 전혀 관심을 보이지 않으면서 "그리스도를 선택하지 않으면 지옥 판결을 받게 됩니다"라고 말하면, 그들은 좋아하지 않을 것이다. 그렇게 말하면, 세상의 영이 당신에게 적대적인 태도를 취하는 것을 느끼게 될 것이다. 그리스도의 영과 종교계의 영이 서로 적대적이기 때문이다.

사람들이 선을 행한다고 해서 그들이 행하는 일이 모두 선은 아니다. 선을 행할 수 있는 사람들이라고 해서 우리가 항상 그를 신뢰할 수 있는 것도 아니다. 우리는 아주 지혜롭게 분별해야 한다.

예수 그리스도를 단지 '선한 분'으로만 규정하는 것을 용납해서는 안 된다. 인간은 그분께 순종하든지 아니면 그분을 거부하든지 해야 한다. 양자택일만이 있을 뿐이다. 그러나 지금 이 시대는 그분을 '관용의 대상'으로 여길 뿐이다. 지금의 문명 세계는 그분에게 관용을 베푼다. 신문과 잡지에 그분에 대한 언급이 실린다. 라디오에 그분의 이름이 등장하고, 그분에 대한 노래가 들리고, 그분에 대한 강연도 허용된다. 이제 그분은 '용납된 구주'가 되셨다.

그러나 그분이 그런 알량한 관용의 대상으로 머물고 마는 것이 용납되어서는 안 된다. 내가 선지자는 아니지만, 세상을 향해 "조금만 상식적으로 판단해보면 깨달을 수 있습니다"라고 외치고 싶다.

지금 우리는 담대하지 못하다. 사람들의 입에서 나올 수 있는 말은 기껏해야 "하나님께 돌아가 종교생활을 하는 것이 좋습니다"라는 것 정도다. 사람들은 "그리스도는 선한 분이십니다"라는 말을 들으면 편안하게 느끼지만, 그분을 삶의 주인으로 모시지는 않는다. 그들은 "나는 그분을 단지 선한 사람으로만 믿지 않고, 내 하나님과 구주와 주님으로 믿습니다"라고 딱 잘라 말하지 않는다.

우리는 단지 종교의 단계에 머물지 말고 한 걸음 더 나아가 주님을 받아들여야 한다. "우리는 하나님 아래에서 한 나라, 즉 분할할 수 없는 한 나라입니다"라고 말할 때는 당연히 '하나님 아래에서'라는 말을 강조해야 한다. 그러나 '하나님 아래에서'라는 말에 담긴 뜻만으로는 부족하다. 달러 지폐에 "우리는 하나님을 신뢰한다"라는 글귀를 적어 넣는 것만으로는 부족하다. 하나님을 향해 우호적인 제스처를 보이는 것만으로는 부족하다. 전능하신 하나님의 큰 능력이 우리의 삶 속으로 들어와 우리의 삶을 바꿔놓으려면, 먼저 우리가 예수 그리스도의 주인 되심을 받아들여야 한다. 그리스도는 아버지 하나님께 영광을 돌리는 주님이시다. 나는 이것을 지금 감히 주장하는 바이다.

예수님은 "나와 함께 아니하는 자는 나를 반대하는 자요"(마 12:30)라고 말씀하셨다. 중립지대는 없다! 그분 편에 서려면 그분을 믿고, 그분에게 순종하고, 그분을 세상에 알려야 한다. '숨어 지내는 기독교'라는 것은 있을 수 없다.

15 chapter

그리스도의 지식 있는 사랑

예수께서 대답하여 이르시되 내 교훈은 내 것이 아니요

나를 보내신 이의 것이니라 사람이 하나님의 뜻을 행하려 하면

이 교훈이 하나님께로부터 왔는지 내가 스스로 말함인지 알리라

요 7:16,17

"하늘의 아버지! 당신을 알기를 전심으로 원하나이다. 하지만 단지 겉으로만 알기를 원하지는 않습니다. 당신의 마음속 깊이 잠수하여 저를 향한 당신의 사랑의 깊이를 알기 원하나이다. 예수님의 아름다운 이름으로 기도하나이다. 아멘."

신약성경을 읽은 사람은 주님이 그 시대의 유대인 학교를 전혀 다니지 않으셨다는 것을 쉽게 알 수 있다. 그분은 주변의 많은 이들에게 아주 평범한 사람으로 보였을 것이다. 이것은 그들이 왜 그분의 교훈에 반발했는지를 설명해준다.

'교육받지 못한 사람이 어떻게 진리가 무엇인지를 가르칠 수 있는가?'

이것이 그들의 생각이었다. 그 당시 사람들은 성경을 오랜 세월 연구한 바리새인들로부터 지식이 나온다고 믿었다. 진리는 오직 연구를 통해서만 알 수 있다는 것이 그들의 생각이었다. 그렇기 때문에 그들은 예수님이 어디에서 오셨는지를 알 수 없었다. 그분은 유식한 사람에 대한 그들의 개념에 맞지 않으셨다.

내가 볼 때, 오늘날 교회에서도 똑같은 현상이 벌어진다고 생각한다. 우리는 "성경을 연구한 사람은 틀림없이 진리를 안다. 우리가 누구이기에 그의 권위에 도전하느냐?"라고 말한다. 그러나 여기에서 우리의 근본적인 문제가 드러난다. 사실에 관한 지식을 습득한다고 해서 진리를 아는 것은 아니다.

우리가 깨닫지 못하고 있는 것은, 모든 이단이 나름대로 어떤 형태의 진리에 뿌리를 두고 있다는 점이다. 성경과 관련된 사실들을 연구한 것밖에는 아무것도 없는 사람들로부터 진리가 나온다고 가정해보자. 그럴 경우, 그 연구의 결론이 잘못되었다면 우리는 진리를 알 수 없게 될 것이다.

내 건강에 문제가 생기면 나는 의사가 나를 진찰해주기를 원한다. 그가 서재에 가서 어떤 책을 읽고 다시 돌아와 그 책의 내용을 나에게 말해주기를 원하는 게 아니다.

이 비유를 오늘날의 신학에 적용할 수 있다. 현재의 신학은 자기 이름 뒤에 몇 개의 학위를 붙이고 다니는 사람들이 성경구절을 인용해가며 가르친 '사실들'을 머리로 아는 것에 지나지 않는다. 이런 부류의 사람들이 가르치는 진리는 하나님이 우리에게 말씀해주기 원하시는 것과 다를 가능성이 매우 높다.

예수님도 그분의 시대에 진리에 대한 사람들의 잘못된 견해를 보셨다. 그렇기 때문에 그분이 "내 교훈은 내 것이 아니요 나를 보내신 이의 것이니라"(요 7:16)라고 말씀하셨을 것이다. 그분은 진리를 수정하거나 새롭게 발명하기 위해 오신 것이 아니다. 그분은 하나님으로부터 나온 진리를 갖고 오셨다. 진리가 오직 하나님으로부터 나온다는 것을 알기 전에는 성경이 어떤 것인지 전혀 알 수 없다.

고정관념의 오류에서 벗어나라

성경은 우리에게 하나님의 말씀을 들려주기 위해 존재한다. 이것은 내가 전에 여러 번 언급한 것으로, 나는 이를 진정으로 믿는다. 내가 원하는 대로 말하는 성경을 만들고자 성경의 이곳저곳에서 뽑아낸 구절들은 하나님의 진리가 아니다!

하나님의 진리는 어떤 개인을 통해 오지 않는다. 이것을 몰랐던 것이 예수님 당시 바리새인들의 문제였다. 그들은 세대에서 세대로 이어지면서 교훈을 가르치고 또 가르침 받았다. 그런 과정에서 약간의 왜곡이 있었고, 그 결과 그들이 진리라고 믿은 것은 사실상 진리의 그림자에 불과했다.

예수님 시대의 사람들은 하나님의 진리에 대해 아주 불충분한 견해를 갖고 있었다. 그 잘못된 견해를 지적하고 그들의 진리관을 바로잡을 책임이 예수님에게 있었다. 진리는 어떤 사람이 만들어내는 것이 아니라 계시되는 것이다.

나는 오늘날 우리가 복음주의적 이성주의자와 복음주의적 신비가(神秘家)를 구분해야 한다고 믿는다. 복음주의적 이성주의자는 "진리가 성경 안에 있으니 진리를 알기 원하면 신학자에게 가라"라고 말한다. 그러나 진리의 초자연적이고 신비로운 요소를 보지 못할 때 문제가 생긴다. 복음주의적 이성주의자의 이런 사고방식은 그 어떤 자유주의만큼이나 재빨리 기독교의 진리를 죽인다! 그것도 더욱 교묘하고 치명적인 방법으로 죽인다. 우리가 어떤 것을 믿는다고 해서 그것을 마음으로 경험한 것은 아니다.

"예수님이 당신의 구주시라는 것을 믿기만 하면 됩니다"라는 말이 우리 귀에 들린다. 나는 이런 식의 생각에 담긴 두 가지 측면을 말하고 싶다.

첫 번째 측면은 진리를 믿는 것과 관계있다. 진리인 것처럼 들리는 것을 믿기 위해 큰 대가를 지불할 필요는 없다. 제대로 된 사람이 적절한 때에 올바른 말을 한다면, 누구나 그 어떤 것이라도 믿을 수 있게 된다.

두 번째 측면, 즉 하나님 인식의 신비적 측면은 단순히 지성의 차원과 관련된 것이 아니라 그것을 뛰어넘어 진리를 경험하는 것과 관련된다. 진리가 내 삶을 변화시키는 요소로 작용하지 않는다면 무슨 소용이 있겠는가? 진리를 포용한다는 것은 하나님 자신을 포용한다는 것이다. 모든 진리는 하나님께 뿌리를 두고 있다. 그러므로 진리를 받아들여 경험하기 위해서는 하나님을 내 삶 속에서 경험해야 한다.

바리새인들은 말씀을 왜곡하는 데 아주 능했다. 말씀을 얼마든지 자기들의 입맛대로 해석할 수 있는 능력이 그들에게 있었다. 그러나 당시 보통 사람들은 이 사실을 몰랐다. 왜냐하면 "바리새인은 교육받은 사람이다. 그러므로 진리를 아는 사람이 있다면, 그것은 바로 바리새인이다!"라는 고정관념에 사로잡혀 있었기 때문이다.

내가 앞에서도 말했듯이 만일 어떤 설교자의 이름 뒤에 몇 개의 학위가 붙어 있으면 사람들은 그의 메시지를 믿는다. "진리를 아는 사람이 있다면, 진리를 여러 해 동안 연구한 사람이 바로 그런 사람이 아니겠는가?"라는 고정관념의 포로가 되어 있기 때문이다. 그러나 다시 말하지만, 성경을 오랜 세월 연구하고도 하나님의 말씀 안에서 성령이 주시는 진리를 깨닫지 못하는 일이 실제로 일어날 수 있다.

바로 그런 이유 때문에 예수님 시대의 사람들이 그분을 메시아로 인정하지 못했던 것이다. 그들은 완전히 다른 메시아, 즉 바리새인들이 그들의 생각 속에서 만들어낸 메시아를 찾고 있었다.

살아 있는 진리를 경험하라

이런 일이 오늘날에도 일어날 수 있을까? 예수님이 누구이신지에 대해 왜곡하고 제멋대로 메시아를 만들어내는 일이 오늘날에도 일어날 수 있는가? 지극히 안타깝게도, 오늘날에도 달콤한 말을 듣고 그리스도인이 되었지만 거듭나지 못한 사람들이 너무나 많다!

이것은 심각한 문제다. 우리는 말을 가르치지 말고 진리를 가르쳐야 한다. 예수님도 "내가 곧 길이요 진리요 생명이니 나로 말미암지 않고는 아버지께로 올 자가 없느니라"(요 14:6)라고 말씀하시지 않았는가!

그분의 이 말씀에 대해 우리는 단지 고개를 끄덕이며 "제가 믿습니다"라고 말하는 것으로 끝나면 안 된다. 중요한 것은 진리인데, 예수 그리스도가 바로 그 진리이시다! 나는 신학에 안주하려 하지 않는다. 주 예수 그리스도라는 분 안에 거할 뿐이다.

오늘날 그토록 많은 그리스도인들이 그리스도인으로서의 삶을 힘들어하는 이유는 '거듭남'이라는 문지방을 넘지 못했기 때문이다. 그들은 진리와 교리를 받아들인다. 자기들이 거듭나야 한다는 것에 동의하고, 실제로 거듭나기를 원한다. 하지만 그들은 살아오는 동안 어떤 시점에서 달콤한 말에 넘어가 '가짜 믿음'에 안주한 것이며, 진리를 경험하지도 못했다.

우리는 '진리의 몸'(the body of truth, 진리의 집합체)을 믿고 받아들이라는 교육을 받았지만, 진리에게 영혼이 있다는 것은 잊어버렸다. 그러므로 나는 "우리의 머리를 성경 말씀으로 가득 채워야 하는 게 맞지만, 거기서 끝나서는 안 된다"라고 말하고 싶다. 당신의 마음을 최대한 성경 말씀으로 채워라. 하지만 당신이 하나님을 아는 데 절대적으로 필요한 다음 단계가 있다는 것을 기억하라. 그 다음 단계는 성령이 임하사 당신의 영혼을 사로잡는 것이다!

물론 우리는 성경을 배워야 한다. 성경이 말하는 것을 알아야 한다. '진리의 몸'을 공부해야 한다. 성령께서는 '빈 머리'에 임하시지 않기 때문이다. 성령께서 임하시도록 우리의 마음과 영혼을 준비하면, 그분이 찾아오셔서 우리를 그리스도의 형상으로 변화시키신다.

이런 경험을 하는 것이 누군가에게는 지극히 힘든 과정이 될 수도 있다. 그리스도인이 되는 과정이 편안한 것만은 아니다. 거기에는 영적 전쟁이 따른다. 원수는 누구라도 진리를 아는 것을 원치 않는다. 원수는 주 예수 그리스도가 구주시라는 것을 누구도 알지 못하기를 원한다. 원수는 사람들이 그런 인식에 도달하지 못하도록 무슨 짓이라도 할 것이며, 그 누구라도 사용할 것이다.

이런 얘기들을 하다 보니 '제자훈련'에 대해 언급하지 않을 수 없다. 나는 제자훈련에 전적으로 찬성한다. 모든 신자는 그리스도인으로서 살아가기 위한 훈련을 받아야 한다. 그런데 제자훈련을 단지 학습으로 만들어버렸다는 것이 문제다. 단지 예수님에 대해 배우고 그분의 계명들을 지키는 것이 제자훈련이라고 생각하는 것은 잘못이다.

나는 이런 잘못 때문에 현재 우리의 신앙이 그토록 타성에 빠져 있는 것이 아닌가 하는 생각이 든다. 우리가 진리를 알고는 있지만 그 진리를 경험하지 못한다면 하나님에 대한 살아 있는 인식에 도달하지 못하게 된다.

우리가 알게 된 하나님께 온전히 무릎 꿇으면 그분을 경험하기 시작한다. 나는 단지 하나님에 대해 알기를 원치 않는다. 종교인에게는 그것으로 충분할지 몰라도 나는 바울 같은 사람의 불타는 열정으로 그분을 알기 원한다. 그 무엇도 바울이 하나님의 진리를 받아들이는 것을 방해할 수 없었다.

당신도 잘 알겠지만, 바울은 바리새인이었다. 그러나 하나님의 진리를 알게 되었을 때 그는 그리스도의 제자가 되었다. 그렇게 되기 위해 많은 대가를 지불했지만, 그는 그만한 가치가 충분히 있다고 여겼다. 그는 죽은 종교가 날마다 그의 마음을 짓누르는 것을 원치 않았다. 예수 그리스도를 통해 사랑하게 된 하나님을 경배할 수 있는 자유를 누리기 원했다.

우리 삶의 빈 공간을 인정하라

오늘날의 슬픈 현실은 교회에 다니는 많은 사람들이 종교라는 속박에 얽매여 있다는 것이다. 그들은 성경구절 몇 개를 인용할 수 있고, 교회에서 기도시간에 기도하며, 주일마다 십일조를 드린다. 그러나 그들 중 어떤 이들과 깊이 얘기를 나누어보면, 그들의 삶에 '빈 공간'이 있다는 것을 알게 된다.

그들은 이 사실을 다른 사람들에게 인정하기를 두려워한다. 그들은 자신들이 진리를 알고 있다고 다른 이들이 착각해주기를 바라지만, 그들이 아는 모든 것은 그들의 삶을 전혀 바꿔주지 못하는 성경구절과 교리뿐이다.

그러나 그리스도가 정말로 어떤 사람의 삶 속에 들어오시면, 그 사람은 하나님 아버지를 알게 된다. 그럴 때 그가 얻게 되는 것은 그의 기분을 좋게 해주기 위해 여기저기에서 끌어다가 만들어놓은 그 어떤 것이 아니다.

성경에는 내 기분을 좋게 해주지 않는 것들이 많이 있다고 인정하지 않을 수 없다. 나는 기도할 때 때로 회오의 감정에 압도당하기도 한다. 내가 어떤 주제를 제대로 다루었다고 생각하다가도, 그분 앞에 서면 '아, 내가 이 주제를 단지 말로만 다루었구나!'라고 깨달을 때가 있다. 하나님께 내 잘못을 고백하고 그분의 용서가 물밀 듯 내 마음을 채우도록 기다려야 하는 경우도 있었다.

사람들은 용서에 대해 말도 하고 설교도 한다. 하지만 나는 하나님의 용서를 경험한 사람이 얼마나 많을까 하는 의문을 갖게 된다. 용서에 대해 아는 것과 마음으로 용서를 경험하는 것은 전혀 별개이기 때문이다.

예수님이 요한복음 7장 17절에서 하신 말씀은 매우 중요하다.

"사람이 하나님의 뜻을 행하려 하면 이 교훈이 하나님께로부터 왔는지 내가 스스로 말함인지 알리라"(요 7:17).

자신의 말을 듣는 청중에게 감히 이렇게 말할 수 있는 사람이 또 있을까? 이 말씀에는 "너희가 정말로 교훈을 깨달으려면 하나님의 뜻을 행해야 한다"라는 의미가 담겨 있다. 우리가 하나님과 그분의 뜻에 무릎 꿇으면, 사람으로부터 오는 깨달음이 아니라 그분으로부터 오는 깨달음이 우리의 영혼 속으로 물밀 듯 밀려올 것이다. 이런 참 깨달음을 얻을 수 있는 길은 그분이 지극히 확실한 방법으로 그분 자신을 우리에게 계시해주시는 것이다.

16 chapter

그리스도의 놀라운 사랑

그러므로 예수께서 자기를 믿은 유대인들에게 이르시되

너희가 내 말에 거하면 참으로 내 제자가 되고

진리를 알지니 진리가 너희를 자유롭게 하리라

요 8:31,32

"사랑하는 아버지! 내 주와 구주 되시는 예수 그리스도의 아버지, 저와 아버지의 관계가 너무 놀랍습니다! 저는 어제를 의지하지 않고 내일도 바라보지 않습니다. 오늘 주어진 당신의 놀라운 임재 안에서 안식하나이다. 예수님의 이름으로 기도하나이다. 아멘."

예수님이 "너희가 내게 오면 내가 너희를 자유하게 하리라"라고 말씀하셨을 때 어떤 이들은 모욕을 당했다고 느꼈다. 그들은 "감히 당신이 우리를 자유하게 해준다고 말하느냐?"라고 물었다. 그들은 "우리가 … 남의 종이 된 적이 없거늘"(요 8:33)이라고 말했다. 그들의 말을 들은 예수님은 그들이 죄인이기 때문에 죄의 종이라고 설명해주셨다. 내가 볼 때 그들은 겸손을 잃어버렸기 때문에 결국 배울 수 있는 능력도 잃어버렸다. 그런 사람들에게 그분이 무엇을 가르치실 수 있었겠는가?

우리가 모든 것을 다 안다고 생각하는 순간, 배울 수 있는 능력을 잃어버린다. 당신이 누군가에게 무엇에 대해 설명하려고 할 때마다 그가 즉시 당신의 말을 가로막으며 "이미 다 알고 있어!"라고 말하는 경우를 겪어보았을 것이다. 그런 말을 들으면 설명해주고 싶은 마음이 싹 달아난다.

자신을 살피지 않는 사람들

예수님의 시대에 그분을 따라다녔던 사람들 중에는 배울 수 있는 능력을 잃어버렸을 뿐만 아니라 소망까지도 잃어버린 사람들이 있었다. 자기의 죄를 보지 못했기 때문이다. 자기의 죄를 보지 못하는 그들을 기다리고 있는 것은 저주스런 결과

뿐이었다. 그들은 "잠깐! 내게 자유가 없다고 이 사람이 말하니 나 자신을 살펴봐야겠습니다"라고 말하지 않았다. 오히려 "나는 내가 자유롭다는 걸 잘 압니다. 내게 자유가 없다는 이 사람의 말에 모욕감을 느낍니다"라고 말하며 분노 가운데 그분을 떠났다. 그렇게 된 것은 그분이 그들에게 도전하셨기 때문이며, "너희가 내 제자가 되면 자유를 얻게 될 것이다"라고 말씀하셨기 때문이다.

자기가 죄인임을 아는 겸손한 추종자들은 그들처럼 되지 않는다. 예수님을 떠난 자들처럼 되는 사람들은 바로 종교인들이다! 종교는 세상에서 가장 위대한 것이지만, 동시에 가장 위험하다. 자신에 대한 잘못된 신념에서 빠져나오지 못하게 하기 때문이다. "내게는 비판 받을 부분이 없다"라고 말하는 사람에게는 해줄 말이 거의 없다.

우리의 영적 생활에 의문을 제기하는 말을 들을 때 분노가 치밀어 오른다면 이미 죽은 상태에 빠져 있는 것이다. 우리는 우리의 믿음에 대해 온유하고 겸손해야 한다. 누군가로부터 "듣자니 당신이 그리스도인이라고 하던데, 당신 정말 그리스도인이 맞소?"라는 말을 들을 때 나는 모욕감을 느껴서는 안 되고, 오히려 내 신앙의 기본적인 것들을 재점검해야 하고, 내 안에 있는 것들이 정말로 진실한 것인지를 확인해야 한다.

착각에서 벗어나라

예수님 시대의 종교인들은 자신을 살피는 것이 사실상 불가능했다. 누구도 그들을 건드릴 수 없었고, 그들에게는 그 누구의 비판도 먹히지 않았다. 그러므로 만일 종교계에 혜성같이 나타난 사람이 기성 종교 속에 둥지를 틀고 있는 사람들에게 "당신들은 잘못되었습니다"라고 말했다면, 그들은 모욕감을 느낄 것이다.

오늘날, 자기들이 진리의 기둥 위에 서 있다고 주장하는 기독교 교단들도 예수님 당시의 바리새인들처럼 치명적 함정에 빠져 있다. 그들은 자신을 기준 삼아 자신을 판단하면서 자화자찬의 달콤한 음악에 심취해 있다. 그래서 결국 자기가 다른 사람들보다 우월하다고 믿는다.

예수님 시대의 많은 유대인은 자기들이 옳으며 다른 이들보다 우월하다고 확신했다. 만일 누군가 그들의 확신을 흔들어 놓을 수도 있는 말을 하면, 그들은 그들 종교의 외형적인 것들을 가리켰다. 예를 들면 시온의 산들, 제사장이 입는 긴 옷, 성전의 탑들과 닳아빠진 계단들, 그리고 그것들의 수백 년의 역사 같은 것들 말이다. 오늘날의 교파들도 그들처럼 착각에 빠질 수 있다.

예수님의 도전에 맞서 자신을 방어하기 위해 당시 유대 지도자들은 그들의 성경에 기록된 '이스라엘 민족의 애굽 종살이 400년의 역사'를 외면했다. 그들은 이스라엘이 7년 동안 미디안 족속의 손에 넘겨졌던 역사적 사실도 망각했다(삿 6:1). 사사기 13장 1절에 의하면, 이스라엘은 40년 동안 블레셋 족속의 손에 넘겨졌었다. 이스라엘의 속박의 역사는 그 외에도 많았다.

예수님 시대의 이스라엘은 로마의 식민지였다. 그럼에도 불구하고 유대의 종교 지도자들은 감히 "우리는 그 누구에게도 속박되었던 적이 없다"라고 말했다. 그들의 이 말은 그분의 말씀에 정치적 의도가 없다는 것을 뻔히 알면서도 그분의 말씀을 정치적인 발언으로 왜곡하려는 의도에서 나온 말이었다.

이 어처구니없는 종교 지도자들이 몰랐던 것은 "영성을 유산으로 물려받을 수 없다"라는 진리였다. 심지어 오늘날도 많은 이들이 "내 아버지가 하나님의 아들이었으므로 내게는 아무 문제도 없을 것이다"라고 말한다. 이렇게 말하는 사람들은 하나님의 은혜가 유산으로 주어지는 것이 아니라 각자 각자에게 주어지는 것이라는 사실을 모른다.

언젠가 어떤 사람이 "D. L. 무디가 설립한 성경 대학은 뛰어난 사람을 많이 배출했지만 제2의 무디를 만들어내지는 못했다"*라고 말했다.

영적인 교회에 다니면서 그 교회의 분위기에 묻혀 덩달아 영적인 사람이 되겠다는 생각은 망상이다. 영적인 사람이 되는 길은 그리스도의 제자들처럼 하는 것이다! 즉, 그들처럼 영적인 사람이 되기 위해 치러야 할 대가를 지불하고, 그들이 믿었던 것을 믿고, 그들처럼 자기를 희생하고 신뢰하고 양보하고 굴복하는 것이다.

예수님은 그분 당시의 지도자들에게 이렇게 말씀하셨다.

"너희는 아브라함처럼 행하지 않기 때문에 아브라함의 자손이 아니다. 아브라함은 하나님의 친구였다. 내가 아버지 하나님에게서 왔지만 너희는 나를 거부한다. 그러므로 너희가 어찌 아브라함의 참 자손일 수 있느냐? 너희는 마귀의 자녀처럼 행하면서 하나님의 자녀라고 주장한다."

물론 그들은 그분의 이런 말씀을 듣고 점점 더 분노했다(참고, 요 8:39,44).

---

* "Training for Missionary Work," Precious Seed 1, no. 11(1947).

겸손한 지식을 구하라

나는 오랜 세월 설교를 해왔지만, 지금도 내가 늘 깨어 있도록 하나님께서 나를 계속 찔러 주시기를 바란다. 내가 나 자신을 의지하지 않고 늘 회개하는 마음으로 살아가도록 도와주시기를 바란다. 그러다보니 나는 아무도 나를 비판하지 못하는 난공불락의 요새로 피신하지 않는다. 어제의 승리에 도취하여 나 자신을 과대평가하지 않는다. 하나님의 해가 매일 아침 내 안에서 떠올라 내 결점을 드러내고 나를 '특권의 둥지'에서 빼내주기를 바란다.

우리는 언제나 자신을 살펴야 한다는 것이 내 소신이다. 예를 들어, 우리는 "어젯밤, 어제, 지난 주, 지난 달, 그리고 작년에 내 행동에서 드러난 '나'라는 사람은 어떤 사람이었는가?"라고 늘 자신에게 물어야 한다. 우리는 누군가의 자손이며, 누군가의 아들이나 딸이며, 누군가로부터 성품을 물려받은 자이다.

'내 행동에서 드러난 내 성품은 어떤 것인가?'

나는 우리가 스스로에게 이렇게 묻는 것이 정말 정당하다고 믿는다. 나는 야망의 자녀, 욕망의 자녀, 악한 생각의 자녀, 악한 말들의 자녀인가? 아니면 믿음과 사랑과 자비와 겸손과 회개의 자녀인가? 우리가 하나님 앞에서 완전하지 않다는 것을 아는 지식은 바리새인들의 차갑고 교만한 지식과는 다르다. 그것은 성도의 겸손한 지식이다.

이렇게 말하면 "우리는 행위로 구원을 얻지 않고 믿음으로 얻습니다"라고 말할지 모르겠다. 나도 그 말에 전적으로 동의한다. 그러나 시냇물이 샘에서 흘러나오듯, 믿음에서 행위가 흘러나온다. 만일 시냇물이 더럽다면 샘이 더러운 것이다. 우리의 행위를 살피면, 우리의 삶이 깨끗한 샘에서 흘러나오는지 아닌지를 알 수 있다.

당신 자신을 살펴보라. 어제를 살피고, 또 그제를 살펴보라. 그렇게 살펴본 결과, 하나님 자녀의 거룩한 성품에 합당하게 행동했다고 판단되는가? 그렇다고 판단된다면, 선한 일이다. 하나님께 감사하고 기뻐하라. 만일 그렇지 않다면, 당신은 마땅히 심각한 고민에 빠져야 한다. 자신에게 이렇게 말해보라.

"잠깐! 내가 잘못된 전제들 아래에서 살아왔다는 것이 정말 신기하다. 내가 건전한 것들에 근거하여 살아왔다고 착각했었구나!"

진리를 안다고 다 된 것은 아니다. 진리를 경험해야 삶이 바뀐다. 바로 이 점에서 당신과 나를 향한 그리스도의 사랑의 놀라운 부분이 드러난다! 그분은 진리, 즉 그분 자신을 우리가 경험할 수 있도록 하신다.

온유하고 겸손하게 살아라. 우리의 가슴으로 늘 우리의 죄를 깨달으며 산다면 우리에게는 소망이 있다.

17 chapter

그리스도의 지극한 사랑

유대인들이 대답하여 이르되 우리가 너를 사마리아 사람이라

또는 귀신이 들렸다 하는 말이 옳지 아니하냐 예수께서 대답하시되

나는 귀신 들린 것이 아니라 오직 내 아버지를 공경함이거늘

너희가 나를 무시하는도다 요 8:48,49

"사랑하는 아버지! 주 예수 그리스도의 아버지시여! 저를 향한 당신의 사랑이 지극히 크고 제 이해력을 완전히 뛰어넘기 때문에 저는 그저 놀랄 따름입니다. 저는 당신의 사랑을 받을 자격이 없지만, 그 사랑을 마음에 온전히 품고 날마다 당신께 영광을 돌리나이다. 예수님의 이름으로 기도하나이다. 아멘."

우리를 향한 그리스도의 사랑에 한계가 있는가? 누군가 그리스도를 거부하면 어떻게 되는가? 그리스도를 거부하는 것이 우리가 가끔 듣게 되는 '용서받을 수 없는 죄'를 범하는 것인가? 용서받을 수 없는 죄에 대해 언급한 성경의 유일한 인물은 그리스도이셨다. 그분은 이렇게 말씀하셨다.

"그러므로 내가 너희에게 이르노니 사람에 대한 모든 죄와 모독은 사하심을 얻되 성령을 모독하는 것은 사하심을 얻지 못하겠고"(마 12:31).

이 문제에 대한 내 설명은 이렇다. 요한복음 8장에서 어떤 사람들이 그리스도의 능력의 근원을 성령이라고 말하지 않고 마귀라고 말했다. 그들은 성령을 모독했고, 용서받을 수 없는 죄를 범했다.

사람들이 그리스도를 거부했다 해도, 후에 다시 그분을 영접하면 죄 사함을 얻는다. 그리스도를 믿게 하려고 성령께서 처음 시도하셨을 때 곧바로 그리스도를 믿는 사람들은 극히 드물다. 대개 사람들은 그리스도를 믿게 하려는 성령의 노력에 저항한다. 때로는 수년에 걸쳐 그렇게 한다. 만일 그리스도를 거부하는 죄가 용서받을 수 없는 죄라면, 그들의 죄는 영원히 용서 받지 못할 것이다.

"사람에 대한 모든 죄와 모독은 사하심을 얻되 성령을 모독하는 것은 사하심을 얻지 못하겠고"(마 12:31).

말로 인자를 거역하면 사하심을 얻되 말로 성령을 거역하면 사하심을 얻지 못한다. 왜 그런가? 아버지 하나님, 그리고 그분의 아들은 우리에게 외부적 존재이시다. 우리가 외부로부터 우리에게 영향을 미치는 것들, 즉 육신, 두려움, 무지, 잘못된 교육 같은 것들의 영향을 받아 하나님과 그리스도를 말로 거역하는 일이 일어날 수도 있다. 그러나 성령은 신성의 정수(精髓)이시기 때문에 우리에게 외부적 존재가 아니시다. 그분은 이성과 교육을 초월하여 내적으로 그분 자신을 우리의 도덕적 인식, 우리의 양심, 그리고 우리의 영에게 나타내실 수 있다. 이것이 기독교의 오묘한 신비적 요소다.

자신의 영혼을 속이는 회칠한 무덤

예수님을 공경하지 않은 사람들은 당시에 선한 사람들이라고 생각되는 사람들이었다. 그들은 아브라함의 자손으로, 이스라엘 사람들 중에서도 뛰어난 자들로 간주되었다. 바리새인, 서기관 그리고 랍비들로서 그들은 도덕적 삶을 살던 사람들이었다. 하지만 그들의 의는 외적인 의였다. 그들은 하나님의 신비로운 영을 전혀 몰랐다. 그들의 영은 회복 불가능할 정도로 썩었기 때문에 선악을 구별하지 못했다. 물론 도둑질과 간음 같은 것들이 잘못이라는 것을 알 정도의 분별력은 있었지만, 그들 속에는 악의 영이 자리 잡고 있었다.

예수님은 이 땅에 계실 때 그런 바리새인들과 서기관들의 거짓 교훈과 싸우셨다. 그분은 그들을 가리켜 이렇게 말씀하셨다.

"화 있을진저 외식하는 서기관들과 바리새인들이여 회칠한 무덤 같으니 겉으로는 아름답게 보이나 그 안에는 죽은 사람의 뼈와 모든 더러운 것이 가득하도다"(마 23:27).

성경의 다른 곳에서 예수님은 그들을 거짓말쟁이, 거짓 선생, 마귀의 자식이라고 부르셨다. 그들은 자기들이 깨끗하다고 완전히 확신하면서 자신들의 죄를 까맣게 모르고 있었기 때문이다.

오늘날, 자기가 잘못되었다고 인정하기를 거부하기 때문에 훗날 지옥에 갈 사람들이 교회 안에 있다. 그런 사람들은 자기의 체면 유지를 굉장히 중요하게 여겨서 자기들의 상태를 인정하기 싫어한다. 그들은 전적부패의 교리를 믿으면서도, 그것이 자기들을 뺀 나머지 모든 사람들에게 해당되는 것이라고 생각한다. 입으로는 "내가 죄악 중에서 출생하였음이여 어머니가 죄 중에서 나를 잉태하였나이다"(시 51:5), 또는 "우리의 의는 다 더러운 옷 같으며"(사 64:6)라고 말할지 모르겠지만, 마음으로는 그렇게 믿지 않는다. 그들은 자신의 영혼에게 거짓말을 한다.

그들에게 "당신은 잘못을 범했습니다"라고 말한 다음에 그들이 어떤 반응을 보이는지 보라. 얼굴이 붉어지면서 당신에게 욕을 해댈 지도 모른다!

우리가 죄인이라고 인정하는 것이 옳은 일이다. 영적 곤고함을 느끼지 못하는 것은 아주 무서운 상태에 빠져 있음을 보여주는 징후다. 나는 그것이 용서받지 못할 죄의 증거라고 말하지 않겠다. 하지만 그것이 우리가 그 죄를 향해 가고 있는 증거라고는 분명히 말할 수 있다. "죄를 슬퍼할 수 있다면 정말 다행이다"라고 아무리 자주 말해도 지나치지 않다. 죄를 슬퍼하지 않는 것은 정말 무서운 일이다.

하나님이 원하시는 마음

예수님은 성전에 들어가 기도한 두 사람에 대한 비유를 말씀하셨다. 그들 중 한 사람은 "오, 하나님! 제가 다른 사람들과 다른 것을 감사하나이다"라고 기도했다. 그러나 또 한 사람은 고개를 들지 못하고 "하나님, 이 죄인에게 자비를 베푸소서"라고 말씀드렸다. 하나님은 이 두 번째 사람의 기도를 들으시고 "저 사람의 저런 말이 바로 내가 듣고 싶었던 말이다"라고 말씀하셨을 거라고 나는 생각한다. 바로 이 사람이 의롭다 하심을 얻고 집으로 돌아갔다(참고, 눅 18:10-14).

몇 년 전에 주님은 다음과 같은 성경구절이 내 마음에 콱 박히게 하셨다.

"이는 너를 지으신 이가 네 남편이시라 그의 이름은 만군의 여호와이시며 네 구속자는 이스라엘의 거룩한 이시라 그는 온 땅의 하나님이라 일컬음을 받으실 것이라 여호와께서 너를 부르시되 마치 버림을 받아 마음에 근심하는 아내 곧 어릴 때에 아내가 되었다가 버림을 받은 자에게 함과 같이 하실 것임이라 네 하나님께서 말씀하셨느니라 내가 잠시 너를 버렸으나 큰 긍휼로 너를 모을 것이요 내가 넘치는 진노로 내 얼굴을 네게서 잠시 가렸으나 영원한 자비로 너를 긍휼히 여기리라 네 구속자 여호와께서 말씀하셨느니라 이는 내게 노아의 홍수와 같도다 내가 다시는 노아의 홍수로 땅 위에 범람하지 못하게 하리라 맹세한 것같이 내가 네게 노하지 아니하며 너를 책망하지 아니하기로 맹세하였노니"(사 54:5-9).

그때부터 나는 특히 9절의 말씀이 온전히 나를 위한 말씀이라고 여기며 살아왔다. 이 세상의 다른 누구도 아닌 오직 나만을 위한 말씀인 것처럼 말이다. 그런데 최근에 '내게 다시는 노하지 않으시겠다'라는 하나님의 약속에 대해 약간의 걱정이 생겼다. 결국 나는 하나님께 여쭤보았다.

"아버지, 두렵습니다. 제가 해서는 안 될 일을 행하면 어떻게 되는 것입니까?"

그러자 내 마음속에 다음과 같은 음성을 주셨다.

"나는 내 자녀들을 어떻게 다루어야 할지 안다. 네가 잘못을 범하면 나는 그것을 처리할 것이다. 나는 너를 훈육할 것이고, 징계할 것이다. 네가 땀을 흘리게 할 것이다. 네가 정신 차리게 할 것이다. 아무 일도 없었다는 듯이 넘어가지는 않을 것이다. 하지만 세상 끝 날까지 내가 네게 노하지 아니하며 너를 책망하지 아니할 것이다."

그리하여 나는 '토저'라는 옛 옷을 벗고 의(義)의 옷을 입었다. 즉, 그리스도의 의를 입었다. 나는 나 자신에 대해 걱정하지 않는다. 내게 합당한 곳은 지옥이라는 것을 알기 때문이다. 지옥이 자기에게 합당한 곳이라는 것을 아는 사람은 지옥에 갈 수 없다. 회개하는 사람이기 때문이다. 회개하는 사람은 멸망할 수 없다!

18 chapter

그리스도의 신실한 사랑

때가 아직 낮이매 나를 보내신 이의 일을 우리가 하여야 하리라

밤이 오리니 그 때는 아무도 일할 수 없느니라

내가 세상에 있는 동안에는 세상의 빛이로라

요 9:4,5

"하늘의 아버지! 제가 당신을 찬양하는 것은 당신과 저의 관계가 그토록 불완전한 제 지식에 근거하지 않기 때문이니이다. 당신과 저의 관계는 저를 죄에서 구원하신 예수 그리스도를 믿는 제 믿음에 기초합니다. 예수님의 귀한 이름으로 기도하나이다. 아멘."

나는 하나님의 말씀을 전하지 심리학을 전하지 않는다. 하지만 나는 '패배주의 심리'라는 것이 있다고 믿는다. 패배한 상태에 오래 빠져 있으면 그런 상태에 계속 머물고 싶어 하는 경향이 우리에게 있다. 자기의 개집에서만 살아온 노견(老犬)은 잠시 모험심을 발휘해 밖에 나가기도 하지만, 이내 다시 자신의 집으로 돌아온다. 여러 가지 면에서 우리도 그와 비슷하다. 우리는 틀에 박힌 생활을 이어가고 있다.

요한복음 9장에는 나면서부터 앞을 보지 못하는 사람에 대한 이야기가 나온다. 앉아서 구걸하는 일을 날마다 반복했으니 아마도 그는 실명 상태의 삶에 익숙해졌을 것이고, 다른 방식의 삶을 기대하지도 않았을 것이다. 그도 인간인지라 판에 박은 듯한 삶에 안주했을 것이고, 자기의 눈이 고침 받아 앞을 볼 수 있을 것이라고 기대하지 않았을 것이다. 그러나 어딘가로부터 그에게 '믿음'이라는 신비가 찾아왔다!

모든 이들에게는 무엇을 믿거나 또는 누구를 믿는 믿음이 있다. 하지만 그런 믿음은 관계 속에서 생기는 믿음이지 구원하는 믿음은 아니다. 구원하는 믿음은 성령에 의해 인간의 영혼에 주어지는 하나님의 신비다.

예수님과 그분의 제자들이 그 소경을 보았을 때, 제자들은 그의 그런 상태가 자기의 죄 때문인지 아니면 그의 부모의 죄 때문인지에 대해 예수님께 물었다. 그러자 그분은 "이 사람이나 그 부모의 죄로 인한 것이 아니라 그에게서 하나님이 하시는 일을 나타내고자 하심이라"(요 9:3)라고 대답하셨다. 그리고 이어서 "나를 보내신 이의 일을 우리가 하여야 하리라"(요 9:4)라고 말씀하셨다. 그렇게 말씀하신 다음에 땅에 침을 뱉어 진흙을 이겨 그 맹인의 눈에 바르시고, 그에게 "실로암 못에 가서 씻으라"(요 9:7, 실로암은 번역하면 보냄을 받았다는 뜻이다)라고 말씀하셨다. 그 사람은 가서 씻고 밝은 눈으로 돌아왔다.

옛것은 지나갔다

예수님은 그 맹인에게 순종의 시험을 하셨던 것이다. 다르게 표현하면, 예수님은 그 사람에게 "내가 네게 명하는 것을 행할 수 있는 믿음을 내가 네게 주노라"라고 말씀하신 것이다.

이 눈먼 사람은 예수님에 대해 아주 조금 알고 있었지만, 그 조금밖에 안 되는 지식에 따라 행동해서 고침을 받았다. 진리를 아는 것은 좋은 일이다. 하지만 "예수님을 만나서 구원의 은혜를 얻으려면 많이 알아야 한다"라는 말은 틀린 것이다.

고침 받기 전에는 마치 허공을 응시하듯이 시선을 앞으로 고정시키는 것밖에 하지 못했던 이 사람은 고침 받은 후에 밝은 눈으로 사방을 둘러볼 수 있었다. 사람 자체는 동일한 사람이었지만, 많은 것이 달라졌다. 이런 것은 회개한 죄인의 경우에도 그대로 적용된다.

주 예수 그리스도에게 와서 회개하고 그분을 구주로 믿으면 그 사람 안에서 말로는 표현할 수 없는 변화가 일어난다. 사람 자체는 동일하지만 그 변화는 실로 놀랍다! 이를 본 주변 사람들은 "저 사람은 우리가 아는 사람이다. 우리와 함께 술집에서 시간을 보내곤 했던 사람이다"라고 말하게 된다. 또 어떤 사람은 "그 사람처럼 보이기는 하는데, 팔 아래에 성경을 끼고 뭐하는 거지? 같은 사람은 아니야! 단지 닮은 것뿐이야!"라고 말할지도 모른다.

그리스도의 사랑을 믿는 믿음을 통해, 그리고 당신 안에 계신 성령의 신비로운 일하심으로 말미암아 당신이 새로워진 후에도 당신은 많은 부분들에서 과거와 동일한 사람이다. 그러나 하나님은 동일한 재료를 사용하여 엄청난 변화를 만들어 내실 수 있다! 옛것은 지나갔고, 모든 것이 새로워진 것이다!

영적 맹목의 눈을 떠라

젊은 그리스도인이었을 때 나는 내가 단순한 근본주의자에 불과한 것이 나름 불만스러웠다. 나는 총명한 근본주의자가 되기를 원했고, 기독교를 향한 비판에 대해 잘 알기 원했다. 그리하여 종교에 대한 책보다 무신론과 진화론에 대한 책을 더 많이 읽었다. 그러면서도 나는 하나님을 모르는 사람이 아니었고, 스코필드 해설성경(Scofield Reference Bible, C. I. 스코필드가 1909년에 발행한 해설성경) 몇 권을 너덜너덜 닳도록 읽어서 내 나름대로의 신학을 세웠다.

무신론을 주장하는 책들에 실린 논리들은 나를 넘어뜨리지 못했다. 나는 이미 하나님을 만난 사람이었기 때문이다. 나는 무신론자나 불신자 같은 사람들을 두려워하지 않는다. 그들은 내 믿음의 기초를 흔들어놓을 만큼의 지식을 갖고 있지도 않고, 그런 지식을 쌓을 수도 없기 때문이다.

바리새인들이 맹인이었던 사람이 예수님에 대해 가지고 있는 믿음에 의문을 제기했을 때, 그는 이렇게 대답했다.

"그가 죄인인지 내가 알지 못하나 한 가지 아는 것은 내가 맹인으로 있다가 지금 보는 그것이니이다"(요 9:25).

그렇다! 전에는 보지 못했으나 지금은 보는 것! 이런 개인적 경험이 있느냐 없느냐 하는 것이 회심을 했느냐 아니냐를 판단하는 최종 잣대다.

오늘날 우리의 문제는 우리가 해야 할 생각과 기도를 다른 이들이 대신해주기를 바란다는 것이다. 우리는 밤을 새며 기도하는 사람이 있다는 소문을 들으면 그를 찾아서 온 북미대륙을 헤맨다. 그렇게 하는 이유는 혹시라도 그의 몸과 부딪히면 영광의 부스러기가 그에게서 떨어질지도 모른다는 기대감 때문이다.

그러나 당신 스스로 기도하고, 혼자 고민해보고, 당신의 믿음으로 믿어라. 무릎을 꿇고 하나님을 찾아라. 스스로 성경을 읽어라. 박해가 오면 피하지 말고 감당하라. 주님이 당신을 인도하시게 하면, 좋은 결과를 얻게 될 것이다.

내가 볼 때, 세상에는 세 가지 영적 맹목이 있다.

첫째, 영적 맹목이지만 자기가 눈이 멀었다는 것을 알고 눈을 뜨기 원하는 사람들이 있다. 예수님은 눈먼 자들이 볼 수 있도록 해주기 위해 이 땅에 왔다고 말씀하셨다(요 9:39). 우리 자신이 내적으로 어둠과 맹목에 빠져있다는 것을 깨달았을 때 우리가 해야 할 일은 오직 '세상의 빛'에게 부르짖는 것뿐이다. 그러면 예수님이 우리를 구해주실 것이다.

둘째, 영적 맹목이면서도 자기가 볼 수 있다고 착각하는 사람들이 있다. 이들은 도덕적 책임감 정도는 느낄지 몰라도 예수님을 올바로 보지는 못하는 영적 소경들이다. 이런 사람들은 사물을 제대로 보지 못한다.

우리는 기독교가 솜사탕 복음을 전하는 오늘날에 하나님의 말씀이 거짓말쟁이들을 죽이기도 하고, 또 거짓말쟁이들을 만들어내기도 한다는 사실을 잊고 있다. 우리는 동일한 복음이 어떤 사람은 구원하고, 어떤 사람은 멸망시킨다는 것을 잊고 있다. 두 사람이 복음을 들어도 한 사람은 구원 얻을 것이고, 다른 이는 멸망할 것이다.

자신이 영적 맹목임을 인정할 마음이 있는 사람들이 있다면, 나는 그들에게 소망의 메시지를 전할 것이다. 그들은 영적으로 눈먼 상태에서 화를 벌컥 냈거나 남을 질투했을지 모른다. 영적 맹목의 상태에서 들소가 고통에 못 이겨 소리를 지를 때까지 니켈(5센트짜리 경화)을 움켜쥘 정도로 인색한 사람이었을지도 모른다. 성격이 너무 고약해서 하나님의 자비가 없었다면 벌써 몇 년 전에 배우자가 가출해버렸을지도 모르는 사람이었을지도 모른다.

어쩌면 당신은 이 모든 경우에 해당될지도 모른다. 만일 그렇다면, 그런 당신이 "나는 눈멀지 않았소"라고 말하는 것은 스스로를 정죄하여 영원한 밤에 가두어버리는 일이라고 말해 주겠다. 그러나 만일 당신이 "나는 너무 악해서 믿을 자격도 없는 사람입니다. 너무 악해서 도움 받을 자격도 없습니다"라고 말한다면, 이제 하나님이 당신을 구원하기 위해 찾아오실 때가 된 것이다.

지옥은 스스로 의롭다 하며 교만한 사람들을 위한 곳이다. 그러나 자신의 모습 그대로 나아와 한 마디 변명도 없이 예수 그리스도를 믿는 온유하고 겸손한 사람들을 위해서는 그분의 보혈의 샘이 기다리고 있다.

셋째, 앞에서 살펴본 두 부류의 사람들 외에 또 다른 부류의 사람들이 있다. 이들은 전에는 보지 못했으나 이제는 볼 수 있는 사람들이다! 세상의 빛은 예수님이시다. 당신이 그분을 믿으며 그분의 빛을 향해 마음을 활짝 열면, 어둠은 사라지고 밝음이 찾아올 것이고, 그분은 '보지 못하는 눈' 대신에 '보는 눈'을 주실 것이다.

19 chapter

그리스도의 인격적 사랑

나는 선한 목자라

선한 목자는 양들을 위하여 목숨을 버리거니와

요 10:11

"사랑하는 하늘 아버지! 발걸음마다 저를 인격적으로 인도하기 위해 제 삶 속으로 오신 목자로 인하여 지극히 감사하나이다. 제 삶 속에서 그분과 그분의 이끌어주심을 신뢰하기로 굳게 다짐하나이다. 예수님의 이름으로 기도하나이다. 아멘."

목자와 그분의 양 비유는 그리스도와 그분의 추종자들과의 관계를 아주 잘 나타낸다. 성경의 비유 중에서 가장 널리 알려지고 가장 잘 이해되는 비유이기도 하다. 심지어 양을 기르는 일에 대해 잘 모르는 우리 같은 사람들도 이 비유를 잘 알고 있고, 또 잘 이해한다.

성경 시대에 목자와 양 사이의 관계는 인격적인 것이었다. 오늘날의 목양업자는 자신의 양을 인격적으로 알지 못한다. 그가 하는 것이라고는 어딘가에 있는 언덕 위에 서서 거대한 양 떼를 내려다보는 정도일 것이다. 그때 그의 눈에 보이는 것은 넓게 퍼진 흰색 양털의 물결뿐이다. 그는 양들이 자기 소유임을 알고, 양들의 크기를 알고, 양들이 가져다줄 이윤이 얼마인지를 안다. 하지만 인격적으로 양들을 알지는 못한다. 그에게 있어서 목양은 돈벌이를 위해 하지 않으면 안 되는 일일 뿐이다.

목자와 양은 서로를 알아본다

다윗은 목양업자 같지 않다. 그가 많은 양을 기르지는 않았지만, 한 마리 한 마리의 양을 모두 인격적으로 알았다. 그러다 보니 양들은 그의 애정과 보호를 믿고 그의 곁을 떠나지 않았다.

오늘날 목양업자의 양들은 주인을 믿지 않는다. 심지어 그가 있다는 것을 알지 못할 수도 있다. 그가 양들에게 접근하여 소리치면 양들은 도망가기 바쁘다. 하지만 고대의 목자는 양이 태어날 때부터 양을 알았다. 양이 길을 잃으면 목자는 결국은 그 양을 찾아내서 어깨에 메고 돌아왔다. 이런 관계는 따뜻하고 인격적인 관계였다.

바로 이런 관계가 기독교에 있다는 것이 기독교의 아름다운 면이다. 주 예수 그리스도와 인격적 관계를 맺게 해주는 것이 믿음이다. 엘리자 히윗(Eliza Hewitt, 1851-1920. 미국의 찬송가 작가)의 옛 찬송가는 "내 믿음이 찾은 안식처는 인간의 말이나 신경(信經)이 아니라네!"라고 노래한다.

우리가 어떤 것을 믿으면서도 누가 그것을 말했는지, 그것이 어디에서 왔는지, 그것이 어떻게 해서 존재하게 되었는지를 모른다면 우리에게 남는 것은 차갑고 무정하고 기계적인 신앙 뿐이다. 어떤 사람이 불신앙을 버리고 이런 신앙을 가졌다 해도 그것은 쇠사슬을 금사슬로 바꾼 것에 불과하다. 금사슬도 사슬은 사슬이다. 쇠사슬처럼 그를 단단히 묶어둘 뿐이다.

그러나 예수 그리스도를 영접한 사람은 모든 사슬을 다 내려놓았기 때문에 그 무엇에도 묶이지 않는다. 예수 그리스도라는 분을 믿는 인격적인 신앙이 그에게 있다. 기독교의 놀라운 두 가지 진리는 예수 그리스도라는 인격적 존재가 계시다는 것과 그분이 신자와 함께 계시다는 것이다. 이 두 진리 때문에 현재와 같은 그리스도인의 삶이 가능해진다. 목자는 그의 양들의 이름을 부르고 양들은 그를 따른다. 목자의 음성을 알기 때문이다(요 10:3,4).

양을 이끌어내시는 목자

일단 잠자리에 누우면 다시 일어나기 싫은 것이 우리의 본능이다. 양들도 우리와 다르지 않다. 양들은 우리 안에 머물며 쉬기를 좋아한다. 그러므로 목자가 우리에서 양들을 이끌어낸다는 것은 양들이 안락한 장소에서 떠나야 한다는 것을 의미한다. 목자가 와서 양들을 깨우면 양들은 그제야 일어나 우리 밖으로 나온다. 성경은 목자가 그의 양들을 인도하여 낸다고 말한다(요 10:3).

하나님은 세상의 복음화를 위해 어떤 계획을 갖고 계셨을까? 그리스도께서는 그분의 부활 후에 열한 제자에게 "너희는 온 천하에 다니며 만민에게 복음을 전파하라"(막 16:15)라고 명령하셨다. 그 후 그분의 추종자들이 모두 예루살렘에 모였을 때, 예수님은 "오직 성령이 너희에게 임하시면 너희가 권능을 받고 예루살렘과 온 유대와 사마리아와 땅 끝까지 이르러 내 증인이 되리라"(행 1:8)라고 말씀하셨다.

그러나 제자들은 예루살렘에 머물렀고, 대부분은 거기서 둥지를 틀었다. 그러다가 주님이 박해를 일으키시자 그제야 여러 곳으로 흩어져 말씀을 전하기 시작했다. 주님이 그들을 아늑한 침대에서 끌어내 마땅히 가야 할 곳으로 보내신 방법은 박해를 일으키는 것이었다.

주님이 양들을 이끌어내시는 것은 몇 가지 이유 때문이다.

첫째, 우리 안에는 양을 위한 먹거리가 없다. 목자는 양들을 일으켜서 푸른 초장으로 끌고 나가야 한다. 그래야 양들이 꼴을 실컷 먹고 잔잔한 물가에서 쉴 수 있기 때문이다.

둘째, 양들은 어느 정도 운동을 해야 한다. 푸른 초장의 잔잔한 물가에 누워 있기만 하면 너무 살이 쪄서 쓸모없게 될 수 있다. 주님은 양들이 운동할 수 있도록 그들을 밖으로 인도하여 내셔야 한다.

셋째, 양들에게는 성장과 경험이 필요하다. 우리 안에만 머무는 양들은 경험을 쌓을 수 없다. 같은 이치로, 그리스도인들은 밖으로 나가야 한다. 일하고, 돌아다니고, 경험하기 위해 밖으로 나가야 한다. 예수님은 "나는 내 양들을 인도하여 낸다"라는 비유적 표현을 사용하셨다. 그분은 우리가 마당에 심어놓은 나무처럼 한 곳에 가만히 있어야 한다고 말씀하지 않으셨다.

나는 기독교가 고립되어 떨어져 있어야 한다고 믿지 않는다. 혼자 고립되어 있는 것이 성화(聖化)에 이르는 길이라고 믿지 않는다. 우리와 똑같은 믿음을 갖지 않은 사람들과는 팔꿈치조차 부딪히지 않는 철저한 도덕적, 사회적 고립은 하나님께서 우리를 거룩하게 하시는 방법이 아니다. 어떤 상황에 처했을 때 우리가 어떻게 행동하게 할지는 그 상황에 처해 봐야 안다. 당신이 밖으로 나가지 않는다면, 밖에 나갔을 때 당신이 어떻게 행동하게 될지 모른다. 그러므로 우리로 하여금 경험을 해보도록 주님이 우리를 인도하여 내시는 것이 당연하다.

성령으로 충만하신 예수님은 마귀에게 시험 받기 위해 광야로 이끌려 나가셨다. 동일한 주님이 "주께서 그러하심과 같이 우리도 이 세상에서 그러하니라"(요일 4:17)라고 말씀하신다. 그분이 아늑한 장소에서 우리를 이끌어내어 세상으로 들어가게 하심은 세상의 쾌락에 빠지게 하기 위함이 아니다. 우리가 세상에 있어야 하는 이유는 세상에게 '저항과 양심'을 보여주기 위함이다. 우리는 그리스도인으로서 원수들과 만나야 한다. 원수들은 저 밖에 있다.

양보다 앞서가시는 목자

그리스도께서 언제나 우리보다 앞서 가신다는 것을 기억하라. 물론 나는 내일 우리에게 무슨 일이 일어날지 모른다. 누구도 모른다. 장차 일어날 일들을 세세히 아는 것보다 차라리 무지 가운데 있으면서 날마다 하나님을 의지하는 것이 더 낫다. 그러므로 나는 그리스도인들에게 점쟁이나 예지자(豫知者) 같은 사람들을 찾아가 보라고 권하지 않는다. 나는 미래를 알고 싶지 않다. 그때 그때마다 한 걸음씩 걸어가는 것으로 충분하다.

살다 보면 위기를 만날 수 있다. 그 위기가 불과 며칠 후, 몇 주 후, 또는 몇 달 후에 찾아올 수도 있다. 그런데 만일 그 위기를 미리 알게 된다면 그때까지 염려 속에서 살아야 할 것이다. 반면, 앞으로 닥칠 위기를 모른다 해도 우리에게는 주님이 계시기 때문에 그 위기를 무사히 헤쳐 나가게 될 것이다. 나는 내일을 알기를 원치 않으며, 당신이 당신의 미래를 알기도 원치 않는다. 오직 한 가지만 기억하라. 그리스도께서 언제나 당신보다 앞서 가신다는 것을!

그리스도는 편안한 텐트 안에 앉아서 병사들에게 적의 포화 속으로 돌진하라고 명령하는 장군 같은 분이 아니시다. 그분이 우리를 어디로 보내시든지 간에 그분은 우리보다 먼저 그곳에 가 계시며, 그곳에서 우리와 함께 계신다. 그분은 "볼지어다 내가 … 너희와 항상 함께 있으리라"(마 28:20)라고 약속하셨다. 기억하라! 그분은 그분이 가지 않으실 곳으로 우리를 보내지 않으신다. 그리고 그분은 그분이 겪지 않으신 일을 우리에게 겪어보라고 말씀하지 않으신다.

우리의 목자는 언제나 우리와 함께하신다. 그리스도인의 삶에서 가장 의미심장한 것은 우리 모두가 목자 주변에 모여 있는 양들이며, 그분이 실제로 우리 가운데 계신다는 사실이다. 나는 그분이 그분의 사람들 간의 교제 속에 실제로 임재하시며, 또 그들의 마음속에 실제로 임재하신다고 믿는다.

목회자를 중심으로 뭉치는 교회는 종교 집단에 불과하지만, 그리스도의 인격적 임재 안에서 모이는 교회는 진짜 교회다. 그분이 우리 가운데 계시면서 동시에 전능하신 아버지 하나님의 우편에 계실 수 있는가 하는 문제는 내가 결코 이해하지 못할 신비이다.

목자는 양들에게 누군가를 보내 "내가 갈 테니 흩어지지 말고 함께 있어라"라고 말씀하실 수도 있었지만, 그렇게 하지 않으셨다. 만일 그랬다면 양들은 두려움에 사로잡혀 도망하다가 광야로 들어갔을 것이고, 아마도 사자에게 잡아먹혔을 것이다. 그분은 "내가 얼마 후에 너희에게 갈 것이다"라고 말씀하시지 않고, "내가 지금 너희와 함께 있다"라고 말씀하셨다. 그렇기 때문에, 이 땅에서 실제로 목자의 일을 해보았던 다윗은 "주께서 나와 함께하심이라 주의 지팡이와 막대기가 나를 안위하시나이다 … 내 평생에 선하심과 인자하심이 반드시 나를 따르리니"(시 23:4,6)라고 증언했다.

20
chapter

그리스도의 *희생적 사랑*

삯꾼은 목자가 아니요 양도 제 양이 아니라

이리가 오는 것을 보면 양을 버리고 달아나나니

이리가 양을 물어 가고 또 헤치느니라

요 10:12

"하늘의 아버지! 제가 당신을 찬양하기 원하는 것은 선한 목자를 알기 때문이니이다. 또 그분이 저를 얼마나 사랑하시는지, 또 그분이 저에게 선을 베풀기를 얼마나 원하시는지를 알기 때문이니이다. 그분이 저를 인도하고 이끌어주시어 당신을 높이고 영화롭게 하실 것이라고 저는 믿나이다. 예수님의 이름으로 기도하나이다. 아멘."

이 본문이 다루는 내용은 즐거운 것이 아니지만 매우 중요하다. 요한복음 10장 10절에서 예수님은 "도둑이 오는 것은 도둑질하고 죽이고 멸망시키려는 것뿐이요"라고 경고하신다. 양 우리로 몰래 들어오는 도둑이 가진 목적은 양 떼를 멸망시키는 것이다. 도둑은 양 떼의 원수일 뿐만 아니라 목자의 원수이다.

도둑과 삯꾼

이 말씀에서 예수님은 종교적 사기꾼의 모습을 그려주신다. 종교적 사기꾼이 양 우리에 들어가는 목적은 양들을 돕는 것이 아니라 양털을 깎아서 취하려는 것이다. 그는 미소를 짓고, 기도하고, 성경구절을 인용하지만, 그의 깊은 마음은 냉소적이고 부패했다. 인기를 얻고 돈을 벌기 위해 거룩한 것들을 이용하는 짓을 서슴지 않는다.

치유사역자라는 사람들 중 어떤 이들은 심지어 사람들을 고용한다. 고용된 자들은 교회집회에 참석하여 병자인 척하다가 치유사역자의 기도를 받고 병이 치료되었다고 주장하면서 주님을 찬양한다.

우리의 양 우리 안에 있는 또 다른 도둑들은 선교단체를 후

원해야 한다는 의무감을 가진 사람들의 여린 마음을 파고드는 법을 안다. 그들의 말에 설득당한 하나님의 선하고 순진하고 후한 사람들은 거액의 헌금을 그들에게 전한다.

에스겔서 34장 2절에서 여호와께서는 양 떼를 먹이지 않고 자기만을 먹이는 목자들을 쳐서 말하라고 선지자에게 말씀하셨다. 그리고 같은 장(章)에서 하나님께서는 "나는 자기만을 먹이는 목자들을 처리할 것이다. 그리고 나는 참된 목자들을 보내어 내 양 떼를 인도하고 먹이고 돌보겠다"라는 요지로 말씀하셨다.

또 성경의 어떤 부분은 양들을 관리하긴 하지만 양들의 주인이 아닌 삯꾼에 대해 우리에게 경고한다. 요한복음 10장 12절에 의하면, 삯꾼들은 늑대가 오는 것을 보면 도망친다. 삯꾼이 도둑보다 덜 부패한 것은 사실이다. 최소한, 성소에 와서 대단한 존재인 것처럼 행세하지는 않기 때문이다. 삯꾼은 속이지 않는다. 그는 종교적인 사기꾼이 아니다. 의도적으로 양들을 멸망시키지도 않는다. 다만, 돈 받고 일하는 사람일 뿐이다. 그는 하루의 일을 성실히 수행한다. 하지만 양들에게 개인적으로 관심을 보이지는 않는다. 먹고 살기 위해 노동할 뿐이다.

삯꾼 같은 기독교 지도자가 있는데, 그는 목회를 꽤 편안한 생업이라고 여겨서 목회를 한다. '큰 목자'이신 분을 사랑하는 마음이 그에게는 없다.

여기서 늑대는 누구인가? 바로 사탄이다. 도둑과 삯꾼은 늑대의 친구들이다. 자기들이 그 사실을 알든 모르든 말이다. 도둑과 삯꾼이 양들을 흩어버리거나 흩어지도록 내버려 둔다. 그러면 늑대는 아주 쉽게 양들에게 접근하여 살찐 양고기를 먹을 수 있다. 목자 주위에 모여 있을 때에는 양들에게 자심감과 안정감이 있고 조심하기 때문에 아주 안전하지만, 양들이 혼비백산하여 사방으로 달아나기 시작하면 늑대는 가만히 기다리다가 자기 쪽으로 오는 양을 덮치기만 하면 된다.

삯꾼은 늑대가 다가오는 것을 보면 속으로 "나는 돈 받고 일하는 사람일 뿐인데, 굳이 위험을 무릅쓰고 늑대의 송곳니에 맞설 필요가 있어?"라며 사라진다. 양들은 그의 양이 아니며, 그는 양들에게 애착이 없다. 양들은 그의 음성을 알지 못하며, 그도 양들의 이름을 알지 못한다.

이는 참으로 소스라치게 놀랄 만한 무서운 상황이다. 그러나 이것이 내 말이 아니라는 것을 기억하라! 성경에 기록된 예수님의 말씀이다(요 10:12). 교회의 역사를 보면, 이런 일들이 비일비재하다. 왜 그런가? 이 세상이 타락한 세상이기 때문이며, 우리가 악하기 때문이며, 우리가 하나님을 필요로 하는 불완전한 존재이기 때문이다. 이제 그 이유를 알겠는가? 이렇게 악한 세상에서 그런 일이 일어나지 않으면 오히려 이상하지 않은가?

선한 목자로 오신 예수님

이제 완전히 다른 분이 나타나시는데, 그분은 바로 선한 목자이시다! 예수님은 "나는 선한 목자라"(요 10:11)라고 말씀하셨다. 예수님은 육신으로 이 땅에 내려오셨고, 자기를 전혀 돌보지 않는 선한 목자가 되셨다. 그분은 자신을 위해 기적을 행하지 않으셨으며, 그분의 기적은 언제나 다른 사람들을 위한 것이었다. 우물가의 여인에게 물을 달라고 하신 것(요 4:7) 외에는, 자신을 위해 남들에게 무엇인가를 구하신 적이 없었다. 사실, 우물가에서 물을 달라고 하신 것도 그 여자를 대화로 끌어들여 구원하기 위함이었다. 실제로 그분은 그녀를 구원하셨다.

이제, 우리 눈앞에 극명한 대조가 드러났다. 한쪽에는 도둑과 삯꾼과 늑대가 있고, 다른 한 쪽에는 선한 목자가 계시다!

그렇다면 우리가 주 예수 그리스도를 사랑하는 것이 마땅하지 않은가? 그분이 우리에게 얼마나 귀한 분이신가!

선한 목자는 죽기까지 우리를 사랑하신다는 것을 증명하셨다. 누군가를 위해 죽는다면, 그것이야말로 그에게 해줄 수 있는 최고의 선물이 아니겠는가? 우리가 누군가에게 약간의 도움을 준다고 가정해보자. 분명 아름답고 선한 일이지만, 우리는 별다른 불편을 겪지 않고도 그렇게 해줄 수 있다. 우리가 그에게 많은 것을 준다 해도 우리에게 큰 손실이 발생하는 것이 아닐 수 있다. 심지어 희생을 무릅쓰고 그를 돕는다 해도 우리에게는 여전히 상당히 많은 것이 남아 있을 수 있다. 그러나 그에게 우리의 생명을 준다면, 우리에게는 아무것도 남지 않는다.

우리 주 예수님은 그분의 양 떼를 위해 그분의 생명을 내놓으셨다. 자신에게 아무것도 남기지 않으셨다. 그래서 그분이 선한 목자이시다!

우리에 들지 않은 양들이 있다

나는 요한복음 10장에 나오는 또 다른 그림을 보여주고 싶다. 주님은 이렇게 말씀하셨다.

"또 이 우리에 들지 아니한 다른 양들이 내게 있어 내가 인도하여야 할 터이니 그들도 내 음성을 듣고 한 무리가 되어 한 목자에게 있으리라"(요 10:16).

주님에게는 이스라엘 밖에도 양들이 있었다. 우리가 "다른 양들이 있습니다"라고 일부 복음주의 교회들에서 말한다면, 사람들은 즉시 "당신은 왜 우리나라 안에 있는 이방인들의 구원에 관심을 갖지 않습니까?"라고 질문할 것이다. 그러나 그렇게 말하는 그들이 국내에 있는 이방인들의 구원을 위해 하는 일은 없다. "다른 양들이 있으니 그들도 구원해야 합니다"라고 말로는 인정하지만, 실제로는 그 다른 양들을 까맣게 잊고 살아간다.

그러나 하나님의 말씀에 의하면, 그분에게는 다른 양들이 있다! 그들은 사랑스런 양이고, 그분의 양이다. 언젠가 그들 모두가 한 우리 안에 있게 되겠지만, 지금은 이곳저곳에 흩어져 있을 뿐이다.

우리 주님은 "이 우리에 들지 아니한 다른 양들이 내게 있어 내가 인도하여야 할 터이니"(요 10:16)라고 말씀하셨는데, 이 말씀 안에서 우리는 기독교 선교의 당위성을 보게 된다. 그분은 "내가 인도하고 싶다" 또는 "내가 인도하기를 소망한다"라고 말씀하지 않으시고, "내가 인도하여야 한다"라고 말씀하셨다. 그분의 방법은 '그분의 잃어버린 양들'을 찾기 위해 '이미 찾은 그분의 양들'을 보내시는 것이다! 양을 찾는 그분의 방법은 그분의 '작은 목자들'을 통해 찾는 것이다.

마치는
기도

당신의 이름이
높아지게 하소서

오, 주님! 주님을 사랑하나이다. 우리는 절제되고 조심스런 삶을 원하나이다. 당신의 사랑에 보답하여 우리가 당신을 사랑한다는 것을 알아주시고 또 세상도 알아주기를 원하나이다.

당신이 우리를 위해 오셨으므로 우리가 당신을 사랑하나이다. 우리가 당신을 사랑하는 이유는 당신이 우리에게 내려오셨을 때 당신의 거룩함이 훼손되지 않았고 당신의 품격이 저하되지 않았기 때문입니다. 그러므로 우리가 당신을 사랑하나이다.

주 예수님, 우리가 당신께 영광을 돌리고 당신을 경배하나이다. 우리가 진정으로 찬송을 부르는 것은 우리의 영혼이 당신의 임재를 기뻐하기 때문입니다.

주님, 당신은 당신의 양들과 함께 계시나이다. 당신은 산골짜기와 도랑에서, 날카로운 바위 사이에서, 그리고 들장미들 사이에서 양들을 끝까지 찾아내시나이다. 여기를 보시고 저기를 보셔서 결국 찾아내시나이다.

오, 주님! 오늘날 길 잃은 양을 위해 기도하나이다. 주 예수님, 그 잃어버린 양을 찾으시기를 기도하나이다. 그 양이 더 이상 생명의 위험 속에 있지 않게 하소서. 그 양이 울음소리를 계속 내게 하소서. 그러면 목자가 그 소리를 듣고 다가가 어깨에 메고 기뻐하며 집으로 데려올 것이나이다.

당신의 영광스런 이름이 높임을 받게 하소서. 오, 주여! 우리가 당신의 큰 양 떼로 인하여 당신께 감사하나이다. 당신이 찾아내신 온 세상의 모든 언어들과 족속들과 나라들로 인하여 당신께 감사하나이다. 우리는 잃어버린 양들을 생각하지만, 또 바닷가의 모래처럼 셀 수 없을 정도로 많은 '찾아낸 양들'에 대해 감사하나이다. 당신의 이름이 높임을 받게 하소서.

오, 주님! 우리는 너무나 자주 모든 것이 잘 되는 데 신경을 씁니다. 우리의 종교생활이 잘 되는 데 더욱 관심을 갖습니다. 성도들의 평판에 더욱 신경을 씁니다.

주 예수님! 당신께 감사하나이다. 이는 우리처럼 세상에서 방황하는 불쌍한 자들에게 당신이 이렇게 말씀해주시기 때문이니이다.

"누구든지 나를 따라오려거든 자기를 부인하고 자기 십자가를 지고 나를 따를 것이니라"(막 8:34).
"진리를 알지니 진리가 너희를 자유롭게 하리라"(요 8:32).
"그러므로 아들이 너희를 자유롭게 하면 너희가 참으로 자유로우리라"(요 8:36).
"나는 세상의 빛이니 나를 따르는 자는 어둠에 다니지 아니하고 생명의 빛을 얻으리라"(요 8:12).

주님, 성경에 "그가 빛 가운데 계신 것같이 우리도 빛 가운데 행하면 우리가 서로 사귐이 있고 그 아들 예수의 피가 우리를 모든 죄에서 깨끗하게 하실 것이요"(요일 1:7)라는 말씀이 기록되어 있으므로 감사하나이다. 이 말씀의 진리는 온 세상의 모든 금과 모든 다이아몬드보다 더 귀한 보물이나이다.
당신이 우리를 세상으로 보내실 때, 우리를 믿음직스럽고 조용한 눈길로 바라보실 것이라고 믿나이다. 우리가 온유한 마음으로 우리의 모든 자기의(自己義)를 부정하고, 우리 자신을 겸손히 부인하고, 십자가를 기꺼이 지게 하소서. 그리고 이 모든 것을 행할 때, 우리가 불완전하고 잘못된 모든 것을 슬퍼하고, 정결케 하는 피를 기뻐하며, 다시는 죄를 영원히 기억하지 않는 사죄(赦罪)의 은혜에 감사하게 하소서.

당신의 이름이 높아지게 하소서!

예수님의 이름으로 기도하나이다. 아멘.

조건 없는 압도적인 사랑

초판 1쇄 발행	2022년 8월 30일
초판 2쇄 발행	2022년 9월 23일

지은이	A. W. 토저
옮긴이	이용복
펴낸이	여진구
책임편집	이영주 정선경
편집	안수경 김도연 김아진 정아혜
책임디자인	노지현 조은혜	마영애
홍보·외서	진효지
마케팅	김상순 강성민 허병용
마케팅지원	최영배 정나영
제작	조영석 정도봉
경영지원	김혜경 김경희 이지수

303비전성경암송학교 유니게과정 박정숙 최경식
이슬비전도학교 / 303비전성경암송학교 / 303비전꿈나무장학회

펴낸곳   규장

주소 06770 서울시 서초구 매헌로 16길 20(양재2동) 규장선교센터
전화 02)578-0003   팩스 02)578-7332
이메일 kyujang0691@gmail.com   홈페이지 www.kyujang.com
페이스북 facebook.com/kyujangbook   인스타그램 instagram.com/kyujang_com
카카오스토리 story.kakao.com/kyujangbook
등록일 1978.8.14. 제1-22

ⓒ 한국어 판권은 규장에 있습니다.
이 출판물은 저작권법에 의해 보호를 받는 저작물이므로 무단 전재와 무단 복제를 할 수 없습니다.

책값 뒤표지에 있습니다.
ISBN 979-11-6504-355-1 03230

규 | 장 | 수 | 칙

1. 기도로 기획하고 기도로 제작한다.
2. 오직 그리스도의 성품을 사모하는 독자가 원하고 필요로 하는 책만을 출판한다.
3. 한 활자 한 문장에 온 정성을 쏟는다.
4. 성실과 정확을 생명으로 삼고 일한다.
5. 긍정적이며 적극적인 신앙과 신행일치에의 안내자의 사명을 다한다.
6. 충고와 조언을 항상 감사로 경청한다.
7. 지상목표는 문서선교에 있다.

하나님을 사랑하는 자 곧 그의 뜻대로 부르심을 입은 자들에게는 모든 것이 合力하여 善을 이루느니라(롬 8:28)

Member of the
Evangelical Christian
Publishers Association

규장은 문서를 통해 복음전파와 신앙교육에 주력하는 국제적 출판사들의 협의체인 복음주의출판협회(E.C.P.A:Evangelical Christian Publishers Association)의 출판정신에 동참하는 회원(Associate Member)입니다.